대통령의 7시간 추적자들

※ 이 도서의 국립중앙도서관 출판예정도서목록(CIP)은
　서지정보유통지원시스템 홈페이지(http://seoji.nl.go.kr)와
　국가자료공동목록시스템(http://www.nl.go.kr/kolisnet)에서 이용하실 수 있습니다.
　(CIP제어번호: CIP2017003704)

대통령의 7시간 추적자들

박주민

이큰별

조동찬

김완

이재명

안수찬

장훈

오현주

김성훈

하어영

북콤마

아직은,
울 수 없습니다,
아직은,
놓을 수 없습니다

2014년 4월 16일 이후, 어느덧 1000일이 흘렀습니다.

아이들이 우리 곁을 떠났습니다. 정확히 말하면 '국가가' 그들을 떠나보냈습니다. 박근혜 대통령은 세월호 참사 당시 7시간 동안 자취를 감추었고, 국가를 믿고 배에서 나오지 않고 기다리던 아이들은 끝내 돌아오지 못했습니다. 1000일이 지난 지금, 무엇이 얼마나 달라졌을까요. 우리는 무얼 해냈을까요.

정부는 어렵게 구성된 4·16세월호참사 특별조사위원회를 해산했고, 몸과 마음이 치유되지 못한 유가족에 대한 의료 지원은 중단되었으며, 세월호 인양은 계속 미루어지고 있습니다. 여전히 9명의 미수습자는 가족의 품으로 돌아오지 못하고, 차가운 바다 아래에서 끝없는 기다림의 시간을 보내고 있습니다. 진실은 떠오르지 않습니다.

　그들을 위해 할 수 있는 일이 많았음에도, 우리는 하지 못했습니다. 이것이, 우리가 '그럼에도 불구하고' 아직은 놓지 말아야 할 이유가 아닐까요. 먹먹한 마음을 안고 숱한 밤을 지새우며 생각했습니다. 아직은 울 수 없다, 아직은 놓을 수 없다고 말입니다.

　세월호 참사의 진실에 다가서려면 우리는 셀 수 없이 많은 수수께끼를 풀어야 합니다. 이 수수께끼의 한가운데 '대통령의 7시간'이 있습니다. 참사 당일 대통령의 7시간 행적을 명확히 밝히기 위해, 우리가 품어온 의혹들을 총정리 하는 시간을 가져야 할 필요성을 느꼈습니다. 따라서 7시간의 의혹에 대해 충분한 대화를 나누고자 '대통령의 7시간 추적자들'을 기획했습니다.

　7시간 동안의 릴레이 대담을 통해, 이미 알고 있던 의혹에 대해 한층 깊이 알게 된 부분도 있으며, 새로이 제기된 의혹도 있습니다. 대담 직후 우리는 차곡차곡 쌓인 의혹들을 정리했고, 그 내용을 국회 국정조사특별위원회와 박영수 특별검사팀에 전달하기도 했습니다.

　이번 대담은 의혹을 끝까지 파고들어, 진실에 도달하겠다는 목표에서 시작한 것은 아닙니다. 뉴스와 기사에서 다루지 않은 세월호 참사의 조사 과정과 취재의 뒷이야기를 여러분과 함께 나누고, 함께 고민하고자 했던 것입니다. 그마저도 많은 분들의 도움이 있어 가능했습니다.

　제 개인적으로는, 무력감과 좌절감으로 가득 찬 시간이기도 했습니다. 세월호가 침몰되어 있는 곳의 몇 미터 수면 위까지 찾아갔어도, 아무엇도 하지 못하고 되돌아올 수밖에 없었으며, 손을 뻗으면 닿을 거리임에도 건져낼 수 없었습니다. 해결하지 못한 문제들이 날마다 늘어갔으며, 체력적으로 지치기도 했습니다. 세월호 참사와 관련된 일들을 해오면서 '아직도 세월호 이야기냐'라는 비난도 참 많이 들었습니다.

2014년 4월 16일부터 시간이 멈춘 듯, 그날의 상실감과 그리움을 가슴에 안은 채 외로이 긴 싸움을 이어오고 있는 부모님과 친구들이 있습니다. 그들도 우리와 같은 국민이며, 그들의 아픔이 곧 우리의 아픔입니다.

그렇기 때문에 저는 '아직도'를 말할 수 없습니다.

아이들의 희생이 헛되지 않도록 진실을 반드시 밝히고, 안전한 대한민국을 세우는 일에 끝까지 집중하겠습니다. 더 이상 그들이 어제 멈춘 시간에 머물며 고통받지 않도록, '내일'이라는 희망을 찾을 수 있도록 도울 것입니다.

대통령의 7시간은 박근혜 대통령의 당일 행적과 최순실 게이트를 열 수 있는 열쇠이자, 안전한 대한민국의 건설을 위한 필수적 의문입니다. 7시간의 비밀이 진실로 소명되지 않는 한, 촛불은 결코 꺼지지 않을 것입니다. 7시간에 대한 우리의 대담을 엮은 이 책이, 국가가 알려주지 않는 비밀을 우리 스스로 알아낼 수 있도록 돕는 작은 힌트가 되기를 바라는 마음입니다.

한편 저는 2016년 12월 '사회적 참사의 진상규명 및 안전사회 건설 등을 위한 특별법'을 발의했습니다. 이 법안은 12월 23일 '신속처리 안건'으로 지정되었으며(국회선진화법 도입 이후 처음 지정된 사례), 이로써 다시 한 번 세월호 참사의 진실에 가까이 갈 수 있으리라는 희망을 갖게 되었습니다. 신속처리 안건으로 지정된 법안은, 최장 330일이 지나면 자동으로 국회 본회의에 상정되고 투표에 부쳐집니다. 상임위원회나 법제사법위원회에 계류되어 심사가 진행되지 않은 채 '시간을 *끄는*' 일이 없게 된다는 것이지요.

법안은 세월호 참사의 진상 규명과 피해자 지원 대책 마련을 위해 제2기 특별조사위원회를 구성하고, 필요한 경우에는 특검을 실시하도록 하는 내용을 담았습니다. 이 법안에 따르면 특별조사위원회는 독립성을 보장받고, 충분한 조사가 가능하도록 활동 기간을 연장할 수 있으며, 위원회의 필요성 판단에 따라 특검 수사를 요청할 수 있습니다. 또한 사생활 침해 등의 제한을 두되, 위원회의 조사 활동이 최대한으로 보장되도록 국가기관의 협조를 의무화합니다.

이 '세월호 2기 특조위 특별법'이 조속히 통과되어 참사의 원인을 철저히 규명하고, 우리 사회에 다시는 이토록 가슴 아픈 일이 발생하지 않도록 해야 할 것입니다. 국민이 안전한 나라에서 편안히 살 수 있도록, 우리는 막중한 책임감을 갖고 끝까지 놓지 말아야 할 것입니다.

대담에 참여해 언론과 방송에서 다하지 못한 취재 뒷이야기를 들려준 SBS '그것이 알고 싶다'의 이큰별 피디, SBS 조동찬 의학전문기자, 한겨레신문 하어영 기자, 〈한겨레21〉 김완 기자, 그리고 〈한겨레21〉 안수찬 편집장에게 감사드립니다. 갑작스레 벌인 일에도 흔쾌히 초대에 응해주고 저보다 더 적극적으로 행사를 준비해주었습니다. 그리고 조사 과정에 대한 솔직한 견해를 들려준 4·16세월호참사 특별조사위원회 김성훈 조사관에게도 감사드립니다. 특조위를 지켜내지 못한 마음은 늘 제게 빚으로 남아 있습니다. 또한 우리가 희생자 분들을 영원히 기억할 수 있도록 도와준 416 단원고 약전 발간위원 오현주 작가, 준형이 아버지 416가족협의회 장훈 진상규명분과장, 마지막으로 이재명 성남시장에게도 진심으로 감사합니다.

좋은 제안과 함께 공들여 책으로 엮어준 도서출판 북콤마 임후성 대표, 빠듯한 시간에도 법적 검토에 임해준 곽경란 변호사에게도 깊은 감사의 인사를 드립니다.

세월호 참사를 오래도록 기억하며 보이지 않는 진실을 찾기 위해 함께 애써주는 국민 여러분께, 그리고 하늘의 별이 된 아이들에게 이 책을 바칩니다.

감사합니다.

2017년 1월

박주민

그날
무엇을 했는가만큼이나
무엇을 하지 않았는가도
중요하다

이큰별 · 박주민

박주민 | 국회의원 |

이큰별 | SBS '그것이 알고 싶다' 피디 |

01

박주민   옆에 나와 있는 이큰별 피디로서는 방송을 제작하다가 본인이 카메라의 피사체가 된 경험은 처음이라 이 자리가 많이 낯설 것이다. 잘 봐주기를 바란다. 완성도가 높고 형식미를 갖춘 대담이라기보다 많은 이야기들이 나와서 이후 진행될 진상 규명에 도움이 되기를 바라는 마음에서 준비한 것이다.

이큰별 피디는 SBS에서 '그것이 알고 싶다' 프로그램을 제작하고 있다. 특히 많은 이들이 정말 큰 관심을 갖고 시청했던 11월 19일자 '대통령의 시크릿' 편의 담당 피디였다. 당시 그 방영분은 전국 시청률 19퍼센트로, '그것이 알고 싶다' 최근 12년 동안의 집계상 최고 시청률을 기록했다. 그만큼 세월호 참사 당시 박대통령의 행적과 청와대 대

그날 무엇을 했는가만큼이나 무엇을 하지 않았는가도 중요하다

응의 적절성에 대한 국민적 관심이 얼마나 큰지 말해주는 증거인 것 같다. 먼저 가볍게 인사 말씀 부탁한다.

이큰별　　SBS에서 '그것이 알고 싶다'를 제작하고 있는 이큰별 피디이다. 반갑습니다.

박주민　　이피디는 내 요청이 아니었으면 이 자리에 나오지 않았을 것이라고 이야기했다. 이피디와 나는 5년 전부터 알고 지내온 사이이다. 예전에 어버이연합 사무실에서 집시법(집시 및 시위에 관한 법률)을 강의하는 자리에 이피디가 나를 섭외한 적이 있다. 청년과 노장 또는 좌와 우가 함께 어우러지는 것이 가능한지를 실험해보는 프로그램이었다. 어버이연합 회원들을 모셔놓고 집시법을 강의하는데 처음 한 5분간은 순탄히 진행되었다. 그러다가 갑자기 어디선가 '빨갱이다'라는 외침이 튀어나왔고, 그다음부터는 분위기가 걷잡을 수 없이 험악해졌다. 간신히 강의실을 빠져나온 기억이 있다. 그때 일로 이피디가 내게 약간 미안한 마음을 갖고 있다가 이번에 요청을 받고 보니 거절할 수 없었다고 한다.

　오늘은 먼저 우리가 왜 대통령의 7시간을 다루려고 하는지에 대해 짚어보고, 그다음에 이피디가 '대통령의 시크릿'을 만들며 취재했던 내용 등을 들어보겠다. 그때 방영되지 않은 부분, 취재했지만 방송에 내보내지 않은 내용이 있다는데 그중 일부를 이 자리에서 소개하겠다고 한다. 아마 오늘 대담의 핵심은 여기에 있을 것 같다.

왜 우리는 대통령의 7시간을 다루려 하는가

박주민　　　　세월호 참사 당시 대통령의 7시간에 대한 여러 쟁점들을 간단히 정리해보려 한다. 청와대가 2016년 11월 19일 홈페이지에 '세월호 7시간, 대통령은 어디서 뭘 했는가?—이것이 팩트입니다'라는 글을 올리면서 해명에 나섰다. 그 7시간에 대한 해명을 곧이곧대로 믿는다 해도 여전히 문제점이 발견된다. 우선 청와대는 대통령이 참사 당일 관저에 있었다고 해명했다. 세월호 참사 2년 7개월 만에 대통령이 그날 당시 어디에 있었는지 밝힌 것이다. 관저 안에도 집무실이 있다는데 이 설명이 명확하지 않다("청와대에는 관저 집무실, 본관 집무실, 비서동 집무실이 있으며 이날은 주로 관저 집무실을 이용"). 관저라는 것은 말하자면 생활공간이자 숙소다. 왜 평일인 수요일에 본관 집무실로 출근하지 않았는지부터가 문제가 된다.

　관저에 보고를 받고 결재를 할 수 있는 시설이 갖춰져 있다고 해도 비상시 종합적 대처는 어려울 것이다. 그것이 대통령이 평일에 청와대 본관으로 출근하지 않아도 되었다는 이유가 되지 못한다. 청와대는 대통령이 중대본(중앙재난안전대책본부)에 나타나기 전까지 세월호와 관련해 총 여섯 차례 지시를 내렸다고 해명했는데, 그것은 모두 전화 지시였다. 보고를 받고도 그대로 관저에서 머물며 나오지 않은 것이다.

　오전 10시에 첫 보고를 받은 이후 점차 상황이 악화되어가는데도 불구하고, 대통령은 낮 12시 50분 뜬금없이, 기초연금 상황을 챙기라는 지시를 내리기까지 했다. 그러고 나서 오후 2시 11분까지, 그러니까 오전 10시 30분부터 그때까지 3시간 41분 동안 세월호 참사와 관련된

　　　　　　　그날 무엇을 했는가만큼이나 무엇을 하지 않았는가도 중요하다

지시는 하나도 없었다. 그런 다음 오후 3시에 중대본을 방문할 준비를 하라고 지시하는데, 대통령의 실제 방문 시각은 오후 5시 15분이었다. 다시 2시간 15분 동안 아무런 대응이 없게 된 것이다.

그리고 중대본에 나타나서는 '구명조끼를 학생들은 입었다고 하는데 그렇게 발견하기가 힘듭니까'라는, 상황과 전혀 동떨어진 질문을 했다. 얼마 전 김장수 당시 청와대 국가안보실장이 대통령의 그 질문이 '이노슨트 와이innocent why(순수한 궁금증) 차원에서 물어보신 것'이라고 말했다(한겨레 2016.11.28). 외화 번역가 이미도가 '이노슨트 와이'란 어린아이처럼 순진한 마음에서 나오는 질문이라고 설명했듯이, 위급한 상황에서 나온 대통령의 말을 그렇게 해명하는 것은 타당하지 않다.

결과적으로 중대본에 나타날 때까지 누구도 박대통령의 얼굴을 본 사람이 없다. 그리고 청와대가 11월 19일의 해명 글에서 '이날의 진짜 비극은 오보에 따른 혼란'이며 대통령이 심각한 피해 상황을 최종 인지한 것은 오후 2시 50분이었다고 해명했는데, 이는 전혀 사실이 아니다. 언론이 전원 구조라는 오보를 내보낸 시간이 오전 11시 1분부터였는데, 청와대는 11시 7분 해경 본청과의 핫라인(직통 전화)을 통해 이것이 오보임을 확인했고 배 안에 300여 명이 잔류한다는 사실을 인지하고 있었다. 또 이들의 오전 10시 52분 통화 기록을 보면 청와대는 대부분의 승객이 배 안에 있는 채 가라앉았음을 이미 파악하고 있었다(한겨레 2016.11.26). 청와대가 이렇게 상황을 파악하고 있었는데도 대통령이 언론의 오보에 휘둘렸다고 해명하는 것은, 청와대가 취득한 정보를 대통령께 보고하지 않았거나, 보고는 했지만 대통령이 살펴보지 않았다는 것으로밖에 해석되지 않는다.

조금 길게 설명했는데, 이제 이피디와 본격적으로 이야기를 나눠보도록 하겠다. 예전에 이피디는 소방대원들의 긴급 출동과 관련된 프로그램을 했다고 알고 있다.

이큰별   '심장이 뛴다'라는 프로그램이었다.

박주민   그 프로그램을 만들면서 위기 상황시 긴급 대응이 얼마가 중요한지에 대해 느낀 바가 많았을 것 같다. 그런 의미에서 세월호 참사 당일 청와대의 대응과 비교해보면 어떠한가.

이큰별   '심장이 뛴다'는 연예인들이 일선 소방서에 배치되어 현직 소방관들과 함께 근무하는 리얼리티 프로그램이었다. 2014년 7월까지 방영되었으니 세월호 참사 당시에도 해당된다. 그때 내가 소방관들의 활동을 보면서 가장 인상 깊었던 점은 어떤 사고가 일어나게 되면 초기 골든타임이 굉장히 중요하다는 것이다. 소방서에서는 골든타임을 보통 사건 발생 이후 5분이라고 말하는데, 그 5분을 지키기 위해 소방관들이 현장에서 최선을 다하는 모습은 그야말로 절박하다. 우리가 프로그램 안에서 '소방차가 지나가면 길을 비켜주세요'라는 취지의 '모세의 기적' 프로젝트를 진행해서 실제로 서울 강남 쪽에서 효과를 보기도 했다. 그만큼 소방관들은 초기 대응 5분을 지키지 못하게

그날 무엇을 했는가만큼이나 무엇을 하지 않았는가도 중요하다

되면 인명 피해 같은 재난의 규모가 얼마나 커지는지 현장에서 절감하고 있었다.

내가 세월호 7시간 관련 취재를 하면서 제일 마음 아팠던 부분이 당시 김기춘 비서실장이 한 다음 발언이다.

"상황 보고가 늦은 것은 사실이지만 상황 보고가 늦었다 빨랐다 때문에 구조가 늦고 빠른 것은 아니고, 현장에서의 구조가 여러 가지 미흡했던 것은 저희들이 인정을 합니다. 구조 자체가 효과적이지 못했다 하는 것에 대해서는 변명할 여지가 없습니다. 그런데 상황이 빨리 왔다, 늦었다, 그것 때문에 이 참사가 커지고 작아진 것은 아니라고 생각을 합니다."

현장에서 초기 5분을 지키기 위해 최선을 다해 구조 활동에 임하는 소방관들의 자세와 극명히 대비되는 모습이다. 애초부터 그런 인식을 갖고 있던 정부가 참사에서 인명을 제대로 구할 수는 없는 것 아니었을까. 김기춘 비서실장의 무책임한 발언이 너무 마음 아팠다. 사실 목포해경이 사고를 파악한 시점이 오전 8시 58분이었고, 그 후 해경 본청 등에 상황보고서를 발송한 시각이 9시 5분경이었다. 그런데 청와대는 9시 19분에 YTN 긴급 속보를 보고 세월호 참사를 인지했다고 했다. 마침 그날 8시 반에는 청와대에서 국가안전보장회의가 열리고 있었다. 그렇다면 초기 대응을 그 어느 때보다 잘할 수 있는 기회가 눈앞에 갖추어져 있었다는 말이 된다. 그럼에도 불구하고 초기 대응에 실패했다. 더 나아가 청와대가 9시 19분에 대형 참사가 났다는 것을 인지했음에도 대통령에게는 10시에 서면보고를 했다. 41분 동안 그들은 무엇을 했는가. 초기 대응에 실패했다는 것이 자명한 이 부분에서 내가 과거에 '심장이 뛴다'를 제작하면서 느낀 현장의 절박함이 떠올랐다. 청와대는 국가적 재난에 대응하는 시스템이 미흡하지 않았나 생각한다.

박주민　　　그러니까 5분, 10분 단위로 희생자의 수가 늘어나는 위급한 상황이었는데도 청와대는 한참 시간을 지체한 후 대통령에게 보고했다. 그 보고조차도 전혀 생생하지 않은 서면보고로 이루어졌다는 것. 그 모든 사실이 충격적이었다는 말씀이다. 김기춘 비서실장의 그 발언은 언제 나온 것인가?

이큰별　　　세월호 참사가 있고 나서 그해 7월 7일 청와대 대통령 비서실의 국회 운영위원회 업무보고 때다. 소방서에서는 초기 5분이 아무런 적절한 대응 없이 지나게 되면 인명 피해가 두 배로 늘어난다고 한다. 소방관들은 그 시간을 지키기 위해 정말 사력을 다한다. 기동화를 벗지 않은 채 숙소에서 밤새 대기하는 모습을 나는 자주 보았다. 세월호 7시간은 대통령에게 최초로 보고가 이루어진 오전 10시부터 대통령이 중대본에 나타난 오후 5시 15분까지를 통틀어 말하는 것이다. 하지만 나는 세월호 7시간이 아니라 세월호 8시간이라고 보는 게 맞다고 생각하는 것이, 청와대에서 미처 대형 사고를 인지하지 못한 그 이전의 시간, 그리고 대통령에게 보고되기까지 지연된 시간이 더 중요하기 때문이다.

박주민　　　　사실 오전 10시 이전이 구조의 골든타임이었다고 볼 수 있다. 말씀한 대로 오전에 국가안전보장회의가 있었으니 조금만 더 빨리 캐치를 했으면 그 체제를 이용해서 바로 전 국가기관을 동원해 구조 작전을 펼칠 수 있는 기회가 있었다. 어이없게도 9시 넘어 뉴스 보도를 보고야 사고 발생을 알 수 있었다니. 해경의 보고가 청와대에 접수되었음에도 불구하고 골든타임을 놓쳤고, 그 이후에도 대규모 자원이나 인원을 구조에 투입할 수 있었는데 한참 동안 보고와 지시가 지연되었다.

　이피디에게 질문하고 싶었던 게 있다. 육상에서 화재가 나면 소방서는 소방차 등 최소로 필요한 인력과 전기만 보내는가, 아니면 충분할 만큼 보내는가?

이큰별　　　　충분히 보낸다. 화재팀뿐만 아니라 구조 및 구급대원들까지 전부 출동한다.

박주민　　　　그게 많은 국민이 답답해했던 부분 중 하나이다. 알다시피 초기에 미군이 구조 함선을 보내 도와주겠다고 했는데도 거절했고, 소방본부 쪽에서 소방헬기를 급파했을 때도 통제가 어렵다는 이유로 거절했다. 그러다가 정작 사고 현장에 도착한 배는 100톤급 연안 경비정인 해경 123정이었다. 이것을 보면 과연 정부가 최선을 다한 것인지 의문이 든다.

　사실 이번에 '그것이 알고 싶다' 제작진들이 폭로전으로 가지 않겠다는 원칙을 세우고 취재를 했다고 들었다. 방송을 보면 진행자의 발언 중에 계속 그 얘기가 나온다. 그럼에도 그 나름대로 폭로한 부분이 없지 않다. 대표적인 게 박대통령이 국회의원 시절에 불법적인 줄기세포 시술을 받은 것으로 보인다는 의혹 보도이다.

'그것이 알고 싶다'에 보도되지 않은 내용들

이근별　　　실제로 많은 이들이 '그것이 알고 싶다'를 응원해주고 그만큼 기대도 해주고, 때로는 질책도 한다. 현장에서 일하는 피디들은 수사권이 없다 보니 정보에 접근하는 데 상당한 제한을 받을 수밖에 없다. 그럼에도 불구하고 우리가 갖는 힘은 시청자 여러분이 참여하는 용기 있는 제보에서 나온다. 실제로 우리가 세월호 7시간과 관련된 제보를 받는다는 공지를 내보내자마자 100건 넘는 제보가 들어왔다. 참 의아하게도 정말 중요한 제보 전화는 대부분 새벽 2시가 넘은 시간에 떨리고 조심스러운 목소리로 걸려왔다. 그리고 많은 제보들이 발신자 제한 표시가 되어 있었다.

　물론 우리는 그런 용기 있는 제보에 너무 감사했고 그걸 바탕으로 취재를 했다. 방송이 폭로전으로 가서는 안 되었던 이유 중 하나는, 일부 충격적인 제보들 중에는 우리가 크로스체크를 하거나 팩트 여부를 확인할 수 없는 경우가 많았기 때문이다. 이를테면 발신자 제한 표시가 된 전화로 걸려 온 제보의 경우 추가 취재가 불가능했고, 아니면 우리가 직접 만나 뵙고 싶다고 요청하거나 자료를 받기를 원했을 때 그것까지는 거부하는 경우가 많았다. 그래서 폭로전에 그칠 수 있는 취

　　　　　　그날 무엇을 했는가만큼이나 무엇을 하지 않았는가도 중요하다

재 부분은 '그것이 알고 싶다'에서 다루는 것이 적절하지 않다고 판단했다. 방송된 사안들은 우리 제작진들이 여러 자료와 증언 등을 크로스체크 해서 일정 부분 팩트에 가깝다는 확신이 들었을 때 내보내자고 결정한 것이다.

박주민　　　그러니까 많은 제보가 있었지만 단순히 의혹 차원에 머무는 내용들은 보도하지 않았다는 것.

이큰별　　　증언을 크로스체크를 할 때 중요한 지점이 사건 당사자의 직접적인 의사와 발언을 확인하는 것이다. 청와대 쪽에 여러 사안에 대해 팩트 확인을 해달라고 요청했지만 피드백이 오지 않았고, 그렇게 팩트 체크가 되지 않은 내용을 방송에 내보내는 것은 적절치 않다고 판단했다.

박주민　　　그렇다면 박대통령이 국회의원 시절에 불법적인 줄기세포 시술을 받은 것 같다는 의혹 보도의 경우는 제작진들이 어느 정도 사실 확인이 되었다고 판단했기 때문에 방송에 내보냈다는 말 아닌가. 사실 방송을 보면 세월호 7시간 동안 불법 시술이 있었는지에 대해서는 의혹 제기 수준에서 다룬 것 같다. 방송에서는 꼭 이것이라고 짚지는 않았지만 여러 맥락과 정황을 함께 보여주었는데, 좀 더 의심해 볼 만한 사안이 있는가?

이큰별　　줄기세포 시술은 박대통령이 국회의원 시절인 2010년과 2011년에 주로 받은 걸로 파악하고 있다. 사실 세월호 참사 당시 과연 그런 불법적인 줄기세포 시술까지 받았을까 하는 부분은 정확히 팩트 체크가 되지 않았다. 청와대에 이에 대해 질의를 던졌을 때 답변이 오지 않았기 때문에 우리로서는 뭐라고 답변을 할 수는 없다. 한 가지, 방송에 내보내지 않은 내용인데, 나는 피부과나 성형외과와 관련된 수술 경험이 없어서 잘 모르지만, 피부 관련 수술이나 시술은 주기성이 있을 것이라고 판단했었다. 그래서 취임 때부터 지금까지의 대통령의 공식 일정을 살피면서 일정이 없던 날들을 전부 파악해보았다.

그랬더니 대통령은 주5일제 근무를 철저히 지키고 있었다. 그리고 주말에 근무를 하게 되면 평일에 꼭 쉬었고, 해외 순방을 가기 전 이틀은 꼭 공식 일정을 잡지 않았다. 우리도 해외 출장을 가게 되면 사실 출발하기 전날이 제일 바쁘지 않나. 준비할 것이 이것저것 많으니까. 그러니 해외 순방 전에 대통령의 공식 일정이 없는 것은 챙겨야 할 것이 많아서일 것이라고 짐작할 수 있다.

그런데 이러한 사정과는 다른 차원에서 조금 의아한 점이 발견되었다. 2014년 3월 말부터 같은 해 5월 중순까지 매주 수요일마다 공식 일정이 없었다. 세월호 참사가 일어난 4월 16일도 수요일이었다. 지금 문제가 되고 있는 김영재 성형외과 원장도 매주 수요일에 휴진을 한 사실이 드러났다. 강남의 성형외과가 보통 수요일 같은 평일에 휴진을 하는지 잘 모르겠다.

박주민 이건 새로운 팩트다. 2014년 3월 말부터 같은 해 5월 중순까지 대통령이 신기하게 매주 수요일에 일정을 잡지 않았다는 것. 그리고 공교롭게도 지금 비선 진료로 거론되는 성형외과 의사도 수요일마다 휴진을 했다는 사실. 둘의 상관관계는 아직 밝히지는 못했지만, 이렇게 형식적으로나마 문제 제기를 했다. 서울 강남에서 성형외과를 하면서 수요일에 쉬는 것이 쉽겠는가 하는 것. 그리고 의아하게도 대통령의 휴식일과 김영재 원장의 휴진일이 겹친다, 둘의 사이클이 겹친다는 그런 얘기를 했다.

여러분도 알다시피 4월 16일이 수요일이었다. 그런 이슈점이 있다. 방금, 가능하다면 이 부분을 좀 더 취재해서 추가 사실이 나오는 대로 알려주겠다는 말씀을 했다. 이 부분은 정말 신기하다. 대통령이라면 보통 주중에는 쉬지 않을 것 같은데, 그렇게 주중에 정기적으로 쉬었다는 것도 충격적인데, 그렇게 쉰다고 마음먹은 날에 세월호 참사가 일어났고, 또 최순실 게이트에 얽혀 있는 성형외과 의사도 매주 수요일 휴진을 하고 어딘가로 갔다는 것이다. 황당하다는 느낌이 좀 든다. 그것 말고 또 시술이라는 것의 주기성이 있는데, 그런 것까지 더해서 본다면 의혹을 가질 만하다고 생각한다. 그런 차원에서 '대통령의 시크릿'은 정말 궁금하다.

방송에는 또 다른 의혹들도 나왔다. 대통령이 당시 관저에 진짜 있었느냐는 의혹이 있고, 정윤회와 관련된 의혹도 '클리어' 된 것은 아니라고 한다. 정윤회가 검찰 조사를 통해 참사 당일 청와대에 있지 않았다고 밝혔는데, 최근에 몇몇 언론은 그 알리바이로 의문이 완전히 해소되는 것은 아니라고 이야기한다. 그 부분에 대해 혹시 말씀할 것이 있는가?

이큰별   우리가 방송을 준비하면서 세간에 알려진 의혹들을 대부분 취재했다. 최근에 터져 나온 정윤회 관련 의혹도 당연히 취재했다. 참사 당일 그가 만났다던 역술가도 찾아가보았는데, 평창동에 살고 있다가 지금은 이사를 했더라. 비싼 월세를 내는 집이었다. 세월호 참사가 일어나고 얼마 되지 않은 9월경에 급하게 이사를 했다. 우리가 정윤회와 관련된 사안에 대해 들어보기 위해 그 역술가와 접촉하려고 백방으로 알아봤는데 결국 만나지 못했다.

   사실 이번 게이트에서 최순실이 워낙 전면에 등장하는 바람에 정윤회나 최순득 같은 이들이 단순한 비선으로 묻히는 측면이 있다. 물론 정윤회와 관련된 일부 의혹은 방송에 내보내지 못했다. 크로스체크가 되지 않았기 때문이다. 우리가 들었던 증언 중 하나는 정윤회가 2015년, 2016년 올해까지도 현직 장관이나 청와대 내부인 등과 함께 어울렸다는 의혹이다. 계산을 현직 장관이 현금으로 했다고 하더라. 사실 청와대 내부의 고위직이라든지 현직 장관이 정윤회를 만날 이유가 전혀 없지 않은가.

박주민   팩트 체크가 되지 않았지만, 2015년, 심지어 2016년까지 정윤회의 파워가 여전하다고 볼 수밖에 없는 정황을 말해주는 제보가 있었다는 말씀이다.

        그날 무엇을 했는가만큼이나 무엇을 하지 않았는가도 중요하다

이큰별　　　우리가 제보자를 만나서 현직 장관들의 사진을 죽 보여주면서 확인했다. 제보자는 '이분, 봤다'며 사진 속 얼굴들을 알아보았다.

박주민　　　한 언론 보도를 보니까 정윤회가 참사 당시에 청와대 근처에 없었다고 해명하면서 그 역술가를 만났던 곳에서 휴대전화를 발신한 것에 의거해 발신지 위치 내역을 증거로 냈다더라. 그런데 알고 보니 통화 기록에 찍힌 장소가 역술가의 집으로부터 1.4킬로미터 떨어진 곳이었다. 집과 가까우니까 그 사람과 같이 있었겠구나 했다는 것이다. 그런데 발신 지점으로 체크된 지점이 청와대에서도 2킬로미터 떨어진 곳이었다. 그렇다면 사실 둘 중 어느 쪽이나 비슷한 거리에 있었다고 볼 수 있으므로 그 알리바이로는 의혹이 해명된 것이 아니라는 언론 보도가 있었다. 그러니까 정윤회와 관련된 부분도 완전히 클리어 된 것이 아니라는 말이다. 앞서 이피디는 제보는 참 많았지만 크로스체크가 되지 않은 경우가 적지 않았고, 또 청와대에 여러 차례 확인을 하려고 했지만 답이 오지 않았다고 했다. 그동안 많은 취재를 해보았을 텐데 지금처럼 당사자들이 답변을 하지 않는 경우가 있었나?

이큰별　　　청와대 대변인실로 전화해 팩트 체크를 요청한 사안이 다섯 가지나 되었다. 그런데 '그것이 알고 싶다'에서 공식적으로 확인을 요청한 것인데, 과연 대통령비서실을 통해 그 요청이 대통령에게 제대로 전달되었을지 약간 의문이 든다. 어쨌든 불법 줄기세포 시술

같은 경우에 대해서는 사실이 아니라는 대답 정도는 할 줄 알았는데 그마저도 답이 없었다. 물론 세월호 참사 당일의 여러 사안들에 대한 질문에도 답변이 없었다.

세월호 참사에 대한 청와대의 대응에서 우리는 보통 그날 그들이 무엇을 했는가에 주안점을 두고 이야기하는데, 무엇을 했는가를 살피는 것만큼이나 왜 이러한 비극적 참사를 막을 수 없었는가를 살피는 것도 중요하다고 본다. 국가는 이 비극적인 참사에 대응할 시스템을 왜 그때 당시 갖추고 있지 못했는가, 수많은 사람들의 안타까운 죽음을 통해 우리 사회는 무엇을 깨달았는가, 그리고 다시 이러한 일이 반복된다면, 당장 내일이라도 세월호 참사 같은 비극이 재발한다면 대한민국은 제대로 대응할 시스템을 갖추고 있는가. 나는 이게 너무나 궁금하고 알고 싶었다.

그래서 우리가 취재한 중요한 사안들에 대해 사실을 정확히 확인해달라고 청와대에 요청했지만, 답변이 끝내 없었다. 역시 '그것이 알고 싶다'에서 한 질문이 청와대의 시스템을 통해 바로 대통령에게 보고가 되었을지 의문스럽다.

박주민　　확인을 해주지 않은 부분에 대해서는 어떻게 생각하는가? 본인들이 적극적으로 해명하고 싶었다면 '그것이 알고 싶다' 팀에서 확인을 요구한 여러 사안에 대해 딱딱 짚어가면서 답변을 했을 것 같다.

이큰별　　　청와대에서 어떤 특정 방송 프로그램이 보내온 질문에 답변을 하는 게 격이 맞지 않다고 판단했을 수도 있다. 11월 19일 방송이 밤 11시 5분에 나갔는데, 마침 그보다 3시간 전에 청와대에서 '이것이 팩트입니다'라는 제목으로 세월호 참사 당일에 대한 해명의 글을 올렸다. 그것이 우리의 방송 취재에 대한 답변일 수도 있다는 생각이 든다.

박주민　　　원래 청와대는 개별 방송 프로그램에서 요청하는 사안들에 대해 답을 하지 않는 관행이 있나?

이큰별　　　그것까지는 나도 모르겠다. 나도 청와대에 물어본 일이 처음이라서.

박주민　　　내가 보기에는 그런 관행이야말로 청와대에서 시급히 고쳐야 할 점이다. 최근 춘추관에서 대통령이 대국민 담화를 발표할 때 참석한 기자들이 아무런 질문을 하지 않는 것도 문제이고, 질문하려 해도 대통령이 받지 않는 것 또한 문제이다. 이렇게 국민이 뭔가 의혹을 풀어달라고 제기하는 것에 대해 무응답으로 일관하는 것이 민주주의 사회에서 정부가 취할 태도는 아니라고 생각한다. 오히려 최근에 의혹이 불거지는 사안에 대해 본인들이 적극적으로 해명함으로써 조기에 의혹을 불식시키는 게 국가적 차원에서 도움이 될 텐데, 그렇게 하지 않지 않는 것이 나로서는 이해되지 않는다. 만약에 청와대가 적극적으로 답변했으면 거기에 대한 추가 취재 등을 통해 더 깊이 나아 갈 수도 있었겠다.

이큰별　　　그랬을 것이다. 사실 청와대에 물어보고 싶은 것들이 훨씬 더 있었다. 그렇지만 모든 것을 다 물어볼 수는 없기에 핵심적인 사항만 포인트를 잡아서 질문했다. 그래도 답변이 없었다.

박주민　　　지금까지 두 가지 중요한 문제 제기를 해주었다. 취재 는 어느 정도 이루어졌는데 보도하지 않은 내용 중 두 가지를 말씀했 는데, 그것들 말고도 이번 특검이나 국정조사특위에서 다루었으면 하 는 의혹이 있는가? 취재를 좀 더 진행하고 싶은데 팩트 체크 단계에서 막혀 멈춘 경우처럼 지금 의문을 갖고 있는 부분이 있는가?

'똑같은 재난이 내일 발생하더라도 청와대의 대응이 과연 2014년 4월 그날의 것과 다를까'

이큰별　　　대통령은 참사 당일 중대본에 나타나기 전까지 전화로 지시를 총 여섯 번 내렸다. 오전 10시 반까지 10시 15분, 22분, 30분 그 렇게 세 차례 지시를 했다. 두 번은 국가안보실장에게, 나머지 한 번은 해경청장에게 내린 지시였다. 특히 10시 반에는 해경청장에게 전화해 '해경 특공대를 투입해서라도 인원 구조에 최선을 다할 것'을 지시했 다고 한다. 물론 당시 해경청장과 통화한 내용은 녹음이 되어 있지 않 다고 한다. 녹음도 대통령 기록물로 지정되어야 하는 게 법에 따르면 맞지만, 그게 그렇게 되어 있지 않다는 것이다. 여기서 우리가 주목해야 할 것은, 10시 반에 대통령이 세월호 참사의 심각성을 인지했다는 점이다. 청와대의 말이 사실이라면, 대통령이 해경청장에게 직접 전화해서 할 수 있는 최선을 다해 구조하라고 지시했다면, 당연히 상황이 정말 심각하다는 것을 판단했다는 말이 된다.

그렇다면, 청와대의 해명대로라면, 대통령이 그렇게 판단한 즉시 관저에서 바로 본관 집무실로 나오든지, 아니면 당시 정부서울청사에 있던 중대본으로, 청와대에서 차로 5분 정도 걸린다, 빨리 출발했어야 했다. 그렇게 사태의 심각성을 인지했음에도 불구하고 차로 5분 거리에 있는 그곳에 2시간 15분이 지나서야 나타났다. 그날 중대본 현장에서 취재했던 기자들은 대통령이 오후 3시에 온다는 소식을 들었고, 대통령이 오니까 어떤 방송국의 중계차를 빼고, 기자들은 어느 쪽으로 올라가서 카메라를 세팅하라는 등의 말을 들었다고 증언했다. 차로 5분 거리밖에 되지 않는 그곳에 2시간 15분 후에 도착했다는 것을 어떻게 설명할 수 있는가. 여러 의전 등이 필요했을 수 있다고 생각되지만, 실제로 대통령이 사태의 심각성을 파악한 이상 당연히 국가 최고 통수권자로서 리더십을 발휘하고, 참사를 조금이라도 막아내기 위해 그리고 우리가 무엇을 할 수 있는지 의논을 하기 위해서라도 얼굴을 바로 내보였어야 했다. 오후 2시 50분이 되어서야 최종적으로 상황 파악이 되었다고 해명했는데 그때도 곧바로 관저에서 나오지 않고 다시 머물렀다는 것이 너무 안타깝다.

박주민　　　그런 부분을 좀 더 짚어봤으면 좋겠다는 말씀인 것 같다. 청와대의 해명대로 오전 10시 반에 해경청장에게 지시한 것을 보면 당시 대통령이 상황의 심각성을 인식했다고 볼 수 있다. 그런데 그 후 곧바로 본관 집무실로 나오거나 중대본으로 가서 적극적인 지시를 내렸어야 했는데 그런 행동으로 이어지지 않았다. 심지어는 중대본에 방문하겠다는 지시를 오후 3시에 내렸는데도 실제로 차량으로 5분밖에 걸리지 않는 곳에 2시간 15분이 지나서야 나타났다. 이러한 대응을 보면 과연 상황의 심각성을 인지했다고 보기도 어렵다.

　　그리고 대통령이 내린 지시를 오히려 청와대의 보좌진들이 이행하지 않은 것은 아닌지에 대해서도 조사를 해야 한다. 세월호 가족들도 그런 얘기를 한다. 오전 10시 반에 대통령이 해경특공대를 투입해서라도 선내를 샅샅이 뒤지라고 지시를 내렸다면 해경이 배 안에 들어갔어야 하는 것이 아니냐. 그런데 알다시피 해경은 세월호 선내로 진입하지 않았다. 청와대의 해명이 사실이라면 해경이 명령에 불복종한 셈이다. 그 부분에 대해서도 확인이 필요하다. 정말 많은 의혹들이 남아 있다. 혹시 추후에 이런 의혹들을 추가 취재해서 방영할 계획이 있는가?

이큰별　　　'그것이 알고 싶다'는 여섯 명의 피디가 돌아가면서 제작을 맡고 있다. 나뿐만 아니라 다른 제작진들도 세월호와 관련된 취재를 계속하고 있다. 모두 꾸준한 관심을 기울이고 있다.

박주민　　　그러면 꼭 이피디가 아니더라도 다른 피디가 맡은 꼭지에서 세월호와 관련된 이야기가 곧 나올 것 같다. 얼마 전에 방송 자막으로 세월호 인양에 관련된 제보를 받는다고 나오던데 그것도 곧 방송될 예정인가?

이큰별　　지금 방송 준비 중이고 후반부 작업에 들어가 있다('두 개의 밀실-세월호 화물칸과 연안부두 205호.' 2016년 12월 10일 방송, 연출 장경주).

박주민　　세월호 인양도 중요한 이슈인데 최근 들어 국민들의 관심을 제대로 받지 못하고 있다. 곧 제작이 끝나고 방영되어서 많은 이들의 호응을 받았으면 좋겠다. 그리고 청와대가 자신들의 부적절한 대응의 원인으로 언론의 오보를 지적하기도 했다. 언론 종사자 입장에서 그 해명을 어떻게 생각하나?

이큰별　　물론 그날 언론이 정말 있을 수 없는 오보를 한 건 사실이다. SBS도 그 부분에 관해서는 자유로울 수 없다. 다시는 그런 일이 있어서는 안 된다고 생각한다. 하지만 당시 청와대는 해경과의 핫라인을 통해 오전 10시 52분뿐만 아니라 10시 58분에도 대부분의 승객이 배 안에 그대로 남아 있다는 것을 이미 알고 있었다. 대통령은 앞서 말한 대로 오후 2시 50분에 그 사실을 보고받았다고 하는데, 그렇다면 보고가 제대로 이루어지지 않은 것이라 할 수 있다. 나는 세월호 참사와 똑같은 재난이 내일 발생한다고 해도 청와대의 대응이 과연 2014년

4월 비극적인 그날의 것과 다를까, 좀 더 개선된 점이 있을까 정말 의문스럽다. 그날은 우리 국가가 가진 저력이 총체적으로 무너진 날이었다. 지금까지도 그날 리더십을 적절히 발휘하지 못한 최고 통수권자의 행적 등 기본적인 것에 대해 의문이 해소되지 않고 있고, 유가족들이 광화문광장에서 힘든 시간을 보내고 있다.

　세월호 7시간이 중요한 이유는 잘못된 부분과 개선할 곳을 철저히 파헤쳐서 바로잡아야 다시는 이런 일이 반복되지 않는 시스템을 갖출 수 있기 때문이다. 그런데 지금 그 7시간 동안의 구체적 대응과 행적이 불분명하다. 그것을 밝히기 위해 모두가 계속 이렇게 힘든 시간을 보내며 소모전을 하고 있다. 청와대는 언론이나 정치권에서 질문을 제기하면 '그것은 아니다'라고만 답을 할 것이 아니라, 참사 당일 대통령에게 올린 서면보고의 내용이 무엇이며, 대통령이 구두로 지시했던 내용이 무엇이며, 그 과정에서 어떤 대응이 미흡했는지를 총체적으로 밝혀야 한다.

- 과연 언론의 오보 탓인가: JTBC는 최소한 오전 11시 50분 이후에는 방송사들이 오보를 내지 않았다고 밝히고 있다. "참사 이후 방송통신심의위원회가 정리한 당시 오보를 보면, 11시 1분부터 늦게는 26분까지 오보가 나갔고요. 그리고 차이는 있지만 가장 늦은 방송사가 11시 50분에 정정을 했습니다"(JTBC 2017.01.11). 그리고 한겨레는 "청와대는 해경에서 실시간으로 사실관계를 확인했기에 언론 오보에 영향을 받

을 이유가 전혀 없었다"고 한다(한겨레 2016.11.26).

박주민　　　지금까지도 청와대는 세월호 참사 당시 서면보고 내용을 공개하지 않고 있다. 대통령이 구두 지시를 내린 기록도 남아 있을 법한데 그것은 없다고 한다. 그러니까 진실은 아직도 암흑 속에 있는 것이다. 세월호 참사 이후 국가의 시스템이 얼마간 달라졌을 것이라고 국민들이 막연한 기대를 가졌지만, 최근의 최순실 게이트에서 드러나듯이 상황이 더욱 심각해졌다. 시스템이 제대로 점검되지 않은 상태에서 그대로 곪았고 드디어 터져버린 것이다.

이피디가 오늘 나와서 '그것이 알고 싶다'에서 다루지 못한 내용과 취재 뒷이야기를 해주었다. 특히 방송에 내보내지 않은 내용 중 충분히 의심을 갖고 좀 더 지켜보아야 할 정황을 두 가지 정도 짚어주었다. 대통령은 2014년 4월을 전후해 매주 수요일 쉬었고, 지금 거론되는 성형외과 의사도 수요일마다 휴진을 한 것으로 봐서는 여기에 의혹이 있다는 말씀을 해주었다. 또 정윤회에 관련된 의혹도 여전히 살아 있다고 말씀했다. 방송에는 없던 내용을 이 대담 자리에 나와서 최초로 공개해준 것이다. 내가 그냥 뿌듯해진다. 이것만 해도 우리는 밥값을 다 했다는 생각이 든다. 마지막으로 이피디가 정리하는 차원에서 한 말씀을 하는 것으로 이 코너를 끝내겠다.

이큰별　　　사실 우리가 처음 이번 방송의 기획안을 만들면서 떠올렸던 제목은 '병신 국치, 대한민국은 어떻게 능욕을 당했나'였다. 국가의 시스템이라는 것이 일부 비선들에 의해 어떻게 무너졌는지를 한번 파헤쳐보고 싶었다. 그중에서 가장 비극적이고 안타까운 사건이 세월호 참사라고 생각했고 이를 다루지 않을 수 없어서 국민들에게 제보를 부탁했는데, 정말 용기 있는 이들이 많은 제보를 해주었다. 물론 우리는 답을 찾지 못했다. 안타깝지만 그래도 답을 찾는 노력을 그만두지 않을 것이다. 그리고 우리가 이제 질문을 시작했으니까 우리뿐만 아니라 다른 언론 종사자들과 정치권에서도 이 문제에 대해 계속 관심을 갖고 함께 답을 찾아나가면 좋겠다. 그렇게 함께 진실을 향해 다가가고 싶다. 늘 현장에서 최선을 다해 노력하겠다. 감사합니다.

박주민　　　그러고 보니 2016년 올해가 병신년이다. '병신년에 국민들이 어떻게 농락을 당했는가'라는 참 가슴 아픈 제목을 달고 방송을 하고 싶었는데, '대통령의 시크릿'이라는 좀 더 부드러운 제목으로 바꾸었다는 말씀이다. 방금 지적한 것처럼 정치권과 언론 그리고 시민들 모두 이 문제에 관심을 기울여야 한다. 국가의 시스템을 여러 번 점검할 기회가 있었지만 번번이 그 기회를 지나친 나머지 결국 나라가 지금 이 모양 이 꼴이 된 것이라 생각한다. 이번에야말로 국민들의 민의가 제대로 반영되어서 다시는 비극적인 일이 반복되지 않는 계기가 되기를 바란다.

가슴 아프게 잔인한 그해 4월의 기억

: 이큰별

2014년 4월 16일 오전… 나는 서울 목동의 SBS 방송국에서 전날 방송된 '심장이 뛴다' 제작진들과 사무실에서 이야기를 나누다 TV를 통해 선박 사고 소식을 접하게 되었다. 오전 10시가 조금 안 된 시간이었다. 당시 우리 '심장이 뛴다' 팀은 소방방재청 관계자들과 가깝게 커뮤니케이션을 하는 관계였기 때문에, 그들을 통해 단순한 선박 사고가 아님을 인지할 수 있었다.

급작스러운 회의, 웅성거림, 걱정, 그리고 한순간의 안도…. 전원 구조 소식을 접하고 가슴을 쓸어내리다, 그것이 오보임이 밝혀지고…. 오후 내내 모두 TV 앞에 모여 함께 걱정하고 눈물 흘렸다.

1000일이 넘는 시간이 지났지만 이 모든 기억이 생생하다. 비단 나뿐만이 아닐 것이다. 2014년 4월 16일 당신은 어디에서 무엇을 했고, 누구를 만났고, 그날의 기억은 무엇인가? 모두가 대답할 수 있을 것이다. 그날은 단순히 흘러가는 어느 하루가 아닌, 가장 비극적인 4월의 어느 날이었기 때문이다.

박근혜 대통령에 대한 탄핵안이 국회를 통과하고, 헌법재판소가 대통령에게 세월호 7시간에 대해 직접 소명하라고 요청했지만, 대통령은 어쩌면 자신의 명운이 걸린 그 요청에조차 똑바로 소명하지 못하고 있다. 관저에 있었다는 것, 관저 안에서 오전 내내 다른 중요한 집무를 보고 있었다는 것, 안봉근 비서관으로부터 대면보고를 받았다는 것, 오후에는 부스스한 머리를 연출했다는 것 정도가 지금까지 밝혀진 사실이다.

2014년 4월 16일… 세월호 참사보다 중요한 업무가 무엇이었단 말인가. 안봉근 비서관으로부터 대면보고를 받은 시점과 내용, 그에 따른 대통령의 지시 사항은 정확히 무엇이었단 말인가. 부스스한 머리를 연출하는 데 청와대의 주장대로 20분가량 소요되었다면, 왜 오후 5시 넘어서야 중대본에 나타났는가. 아니, 그전에 대체 부스스한 머리를 연출할 필요가 있었는가.

이러한 질문에 대한 답은 여전히 미궁 속에 빠져 있다. 모두가 생생한 그날에 대해, 오직 한 분만 흐릿한 몇 조각의 답변을 꺼내고 있다. 그리고 그러한 분이 한때 우리의 대통령이었다. 국가가 국민의 생명과 재산을 지키기 위해 최선을 다할 것이라는 믿음은 배신당했고, 세월호 참사 이후 청와대의 대응을 바라보며 많은 이들의 마음에는 정체 모를 허탈감이 자리 잡았다.

청와대의 답변에 대해 하나하나 사실관계를 따지다 보면, 언론인이

그날 무엇을 했는가만큼이나 무엇을 하지 않았는가도 중요하다

기에 앞서 한 인간이기 때문에 어느 순간 마음이 슬퍼지고 헛헛해지고 그러다 참 잔인하다는 생각까지 드는 요즘이다. 대한민국이라는 국가가 이렇게까지 잔인했는가…. 국가의 주인은 국민이라는데… 국민이 왜 이리 슬픈가…. 그렇다면 그 책임은 누구의 몫인가….

박근혜 대통령은 기억해야 할 것이다. 본인의 헌법재판소 탄핵심판 결과와 관계없이, 2014년 4월 16일에 대한 국민들의 질문과 추적은 결코 끝나지 않을 것이다. 그래서 박근혜 대통령은 다시 한 번 기억해야 할 것이다. 2014년 4월 16일 대관절 자신은 무엇을 했던 것인지….

뉴스타파 화면 캡처

만약
그것이
의료적인
것이라면

조동찬 · 박주민

조동찬 | SBS 의학전문기자 |

02

박주민   다음 코너는 의학전문기자로 이름을 날리고 있는 조동찬 기자를 모시고 진행하겠다. 조기자는 의료 문제와 관련해 대통령의 7시간을 집중 조명했을 뿐 아니라, 지난 9월 고 백남기 농민의 부검 여부가 논란이 된 가운데 서울대병원이 사망진단서에 외상성이라는 말을 빼고 사망 원인을 병사로 분류한 사실을 보도함으로써 큰 사회적 파장을 일으킨 바 있다(SBS 2016.09.29). 오늘 어려운 시간을 내주었다.

먼저 간단하게 내가, 조동찬 기자가 이전에 보도한 내용에 기초해 지금 제기되고 있는 여러 의혹들을 정리해보았다. 정리하는 데에 약품 이름과 처방, 효과 등이 너무 많아서 이렇게까지 알아야 하나 '자괴감이 들더라.' 조기자가 제기했던 의혹은 크게 세 덩어리로 나눌 수 있다.

      만약 그것이 의료적인 것이라면

최순실의 단골 성형의사인 김영재 원장에 관한 것, 차움 병원 출신으로 대통령 자문의였던 김상만 원장(전 녹십자아이메드 원장)을 둘러싼 의혹, 그리고 최근 청와대가 구매한 정체불명의 약품들에 대한 것. 김영재 원장이 대통령의 해외 순방에 세 차례나 동행한 사실이 드러났고, 또 이분이 서울대병원 강남센터 외래교수로 위촉된 데에도 청와대가 개입한 것이 아닌가 하는 의혹이 나오고 있다. 그리고 프로포폴 문제가 터져 나왔다. 우선 이 프로포폴은 최순실이 처방받은 것이 맞나?

최보정이라는 이름으로 처방된 프로포폴은 어디로 흘러들어 갔는가

조동찬 김영재 성형외과는 최순실과 정유라 모녀가 다닌 곳인데, 두 사람에게 어떤 처방이 내려졌는지를 보건 당국은 밝히지 않고 있다. 그런데 최근 강남구의회의 행정 감시에서 강남구보건소가 김영재 의원에 대해 조사한 약품이 프로포폴이었다는 사실이 드러났다.

박주민 김영재 원장이 프로포폴을 처방한 과정을 좀 더 구체적으로 설명해달라.

조동찬 현재 김영재 원장이 혐의를 받고 있는 위법 사항은 최순실이 최보정이라는 가명으로 등록해서 진료를 받아왔다는 사실을 눈감아주었다는 거거든요. 나는 최보정에 대해 여러모로 취재하고 있다. 도대체 이 최보정이라는 이름이 뭘 의미하는지 그리고 최보정이 정말 최순실이 쓴 가명이 맞는지. 그렇다면 둘의 주민등록번호가 일치해야 한다. 하지만 그 부분을 강남구보건소뿐 아니라 보건 당국도 정확히 밝히지 않고 있다. 어쨌든 가명으로 처방받은 경우라면 이름은 다르더라도 주민등록번호는 같을 것이다. 그런데 일반적인 경우 우리가 병원에 갔을 때 그렇게 자의적으로 진료를 받을 수 있느냐 하면 전혀 그렇지 않다. 병원에 가면 접수처에 제일 먼저 내놓는 게 자신의 신분증이다.

박주민　　　그것을 제시하지 않으면 진료를 해주지 않는다.

조동찬　　　그렇기 때문에 가명으로 진료가 이루어졌다는 사실 자체가 애당초 김영재 성형외과와 최순실 사이에 의료적인 담합이 있었다는 단서가 될 수 있다. 그다음에 최보정이라는 이름으로 처방된 것이 최순실이 대리 처방을 받은 것인지, 아니면 최순실이 아닌 다른 사람이 온 것인지도 가능성을 생각해봐야 한다.

　　그리고 차움의원을 보건 당국이 조사했을 때 놀라운 사실 한 가지가 밝혀졌다. 보건복지부가 차움의원 2차 조사 결과를 발표하는 과정에서 박대통령의 혈액이 차움의원으로 반출되었다는 사실이 드러났다. 그런데 과연 박대통령의 혈액이 청와대 밖으로 유출된 것이 그때 한 번뿐일까? 다른 병원으로 반출된 적은 없을까? 그런 부분도 계속 의심하고 있다. 그래서 최보정이라는 가명으로 처방을 받은 이가 진짜 최순실이 맞는지, 최순실 한 사람뿐인지에 대해 계속 알아보고 있다. 공식적인 해명은 아직 없다.

만약 그것이 의료적인 것이라면

박주민 여기서 내가 물어보고 싶은 것은, 김영재 성형외과에서 누가 최보정이라는 이름으로 프로포폴을 처방받았느냐는 것이다. 현재까지 밝혀진 것은 최순실이 최보정이라는 가명으로 처방받았다는 것 정도인데, 지금 조기자의 말씀은 그 가명으로 처방을 받아간 이가 한 사람이 아니라 그 이상일 수도 있다는 것. 또 다른 병원에서도 의료진들의 묵인하에 최보정이라는 가명으로 그런 식의 진료가 이루어졌다면, 대리 처방 혹은 가짜 처방이 가능해서 약품들이 전혀 통제되지 않은 상태, 즉 종류와 수량을 가리지 않고 약품이 유출될 수도 있었을 것이라는 말씀이다.

조동찬 그렇게 의심하는 것이 합리적이라고 생각한다. 어느 선까지 가능했을까에 대해 의문을 품고 있다. 과연 최순실 한 사람만 계속 대리 처방을 받으러 갔겠는가. 보건 당국은 이에 대해 명확히 해명해야 한다. 최보정이라는 가명의 생년월일과 최순실의 생년월일이 같은지 다른지 공개해야 한다. 웬만한 병원이면 다 CCTV가 있기 때문에 최보정이라는 이름으로 진료를 받으러 왔을 때 최순실이 실제로 등장했다는 것을 CCTV로 확인하는 과정을 거쳐야 보건 당국의 조사를 우리가 믿을 수 있다.

그리고 우리는 김영재 원장에게 당국이 어떤 약품을 조사하고 있는지 정말 수도 없이 물었지만 그는 전혀 답을 하지 않았다. 환자의 처방 내용을 말하는 것은 의료법 위반이라며 입을 다물었다. 그런데 여기서 따져봐야 할 것은 정당한 의료, 적법한 진료를 받은 것이 아닌 경우에도 환자의 개인 정보가 보호되어야 하느냐는 것이다. 이건 불법이 드러난 상황이다. 그런 경우까지 의료법의 보호를 받아야 하는지 의문이 든다. 한 사람이 계속 병원에 와서 향정신성 의약품을 불법으로 처방받아 가져갔다. 그런 경우도 의료법에 의해 개인 정보가 보호되어야 하는지 의문스럽다.

박주민　　그런데 한 가지 궁금한 것이, 프로포폴 처방을 의심하게 된 계기가 그 의원에서 프로포폴의 양이 일정 기간 상당히 많이 처방되었다거나 하는 정황이 있었기 때문인가?

조동찬　　김영재 성형외과에서 사용한 프로포폴 양이 1년에 몇 병이었는지 내가 정확히 기억하지는 못하는데 500병이 넘었다. 비슷한 규모의 다른 성형외과의 의사들에게 물어봤더니 다들 많다는 답변을 했다. 물론 김영재 의원 측에서는 자신들은 충분히 그렇게 소비했다고 답변했지만.

　프로포폴이 어떤 약이냐 하면, 처방 없이 따로 '세이브' 하기 좋은 약이다. 프로포폴 한 바이알이 20밀리리터이다. 그런데 몸무게가 75킬로그램인 성인 기준으로 보통 투여하는 용량이 12밀리리터이다. 그럼, 8밀리리터가 남는다. 그리고 어떤 여성에게는 12밀리리터보다 더 적은 양이 들어갈 수도 있다. 만약 한 병을 개봉해 한 환자에게 10밀리리터를 주사하고 다른 환자에게 남은 10밀리리터를 주사한 다음 진료기록부에는 두 병을 썼다고 적어놓으면, 실제로는 한 병을 반반씩 나뉘 쓰고 다른 한 병은 세이브 할 수 있게 된다. 그런 약이다. 프로포폴을 그런 식으로 남겨서 불법적으로 사용하다가 적발된 사례가 그동안 많았다. 그래서 강남구보건소에서 김영재 의원을 조사하면서 나온 약품이 프로포폴이라고 했을 때 그렇다면 프로포폴이 외부로 빠져나갔을 가능성에 대해서도 관심을 가졌던 것이다.

박주민 최보정이라는 이름으로 누군가 계속 대리 처방받았던 정황은 있는데, 그 처방받은 약이 어디로 흘러갔는지는 전혀 밝혀지지 않았다는 것.

조동찬 전혀 밝혀지지 않았습니다. 내가 박의원에게 부탁하고 싶은 것이 이것입니다. 최보정이라는 이름으로 등록해 처방받은 이의 생년월일이라도 알고 싶다. 내가 생년월일이라도 알려달려고 했더니 지금 강남구보건소가 알려준 것은 1956년생까지이다. 이상하지 않은가. 최순실의 주민등록번호와 생년월일은 이미 구글링만 해도 다 공개되어 있는 상태인데도 뒷자리 생월일은 밝히지 않고 있다. 최보정이 최순실의 가명이라고 하면서 그 생년월일을 온전히 밝히지 않는다니. 보건복지부는 최순실이 김영재의원에서 지난 2013년 10월부터 2016년 8월까지 최보정이라는 이름으로 136회 진료를 받았다고 밝히지 않았는가(2016.11.15).

그래서 그 부분에 대해 상당한 의심을 갖고 취재하고 있는데 최근 한 제보를 받았다. 하지만 제보자가 문건으로 확인해주지 않고 구두로

만 증언한 이상 우리로서는 그대로 보도하기가 어려운 점이 있다.

- 가명의 생년월일: 여선웅 강남구의원은 SBS와의 인터뷰에서 "최보정이라는 가명의 생년월일이 56년 2월 2일로 확인을 했습니다. (-대통령의 월일과 같은 것입니까?) 대통령의 월일과 같습니다"라고 말했다(SBS 2016.12.13).

박주민　　　그러니까 이 최보정의 인적 사항이 최순실의 것과 맞다는 것이 확인되면 그다음에 최순실에 대한 수사에 이걸 하나 더 얹어서 프로포폴을 얼마나 가져갔는지, 그 프로포폴을 어디로 가져갔는지를 조사할 수 있다. 하지만 이 연결 고리가 의심되는 상황에서 당국이 그 이상의 정보를 공개하지 않으니까 대조해볼 수 없는 거다. 취재가 거기서 멈춰 있다는 말씀.

　그런데 프로포폴이라는 약품에 대해 사실 나도 그렇고 많은 이들이 잘 모른다. 프로포폴이 왜 그토록 문제가 되는지 설명해달라.

조동찬　　　프로포폴은 정맥주사 마취제입니다. 프로포폴이 개발되기 전에 쓰이던 정맥주사제는 마취를 위해 주사할 경우 호흡근까지 마취되는 바람에 환자가 숨을 쉬지 못하게 되는 경우가 있었다. 시술 중에 위험한 상황이 벌어지기도 했던 것이다. 그런데 프로포폴은 환자를 잠을 자게 유도해서 시술 도중 칼이 들어오든 바늘이 들어오든 간에 통증을 느끼지 못하는 효과는 그대로 유지하되, 환자의 호흡근을

　　　　　　　　　　　　　　만약 그것이 의료적인 것이라면

마비시킬 가능성을 상당히 줄인 약품이다. 내가 보도하면서 프로포폴에 대해 언급할 때마다 얘기하는 것이, 프로포폴 자체가 나쁜 게 아니다. 프로포폴은 상당히 좋은 약인데 문제는 그걸 잘못 사용하는 사람에게 있다.

프로포폴의 좋은 점이자 나쁜 점 한 가지가, 주사를 맞은 이에게 잠을 잘 잔 느낌을 주고 기분을 좋게 하는 효과이다. 그것을 유포리아라고 하는데 그 때문에 프로포폴에 예민한 사람은 한두 번 주사를 맞은 것으로도 '너무 좋은 약이다, 난 이것 없으면 못 살겠다' 할 정도로 심각한 의존성이 생길 위험한 측면이 있다. 그래서 학계에서는 그런 사람들을 잘 가려내서, 다른 약으로 교체하도록 권해야 한다는 논의도 있다. 그렇게 한번 의존성이 생기면 끊기 어려운 약이 될 수 있다. 그 까닭에 원래 시술 때문에 프로포폴을 맞는 것에서 반대로 프로포폴을 맞기 위해 굳이 시술을 하는 본말이 전도되는 일이 벌어진다.

그런데 앞서 이큰별 피디가 말했듯이, 언론이 아직까지 2014년 4월 16일 대통령의 7시간과 관련된 고리를 단 하나도 찾지 못했다. 그냥 다 가설일 뿐이다. 한 가지, 프로포폴은 투여된 순간에는 어찌되었든 의식이 저하된다. 내가 비아그라나 팔팔정, 이런 약품보다 프로포폴에 관심을 갖는 이유이다. 비아그라와 팔팔정이 청와대에 들어갔다는 것은 국격에 맞지 않는 일이지만, 그런 것들이 사람의 의식을 저하시키지는 않는다. 합리적인 판단을 하지 못하게 하는 약은 아닌 것이다. 세월호 7시간에 대한 대통령의 대응에 관한 한 이건 누가 보더라도 합리적인 판단이 없었다는 것이 명백하다. 그래서 사람을 합리적인 판단을 하지 못하게 하는 게 무엇인가, 그게 만약 의료적인 것이라면 그걸 가능하게 하는 약물이 무엇인가에 대해 우리가 취재를 하게 되었던 것이다.

- 청와대의 의약품 구입 현황: 2016년 11월 22일 김상희 의원이 '청와대 의약품 구입 현황'을 공개했다. 의외의 의약품들이 다수 등장했는데 특히 다량의 비아그라와 그 복제약을 구입한 것이 밝혀져 논란이 되었다. 또 2014년 11월과 2015년 11월 두 차례에 걸쳐 에토미데이트 10밀리리터를 30개 구입한 기록이 나왔다.

박주민　　　취재하는 과정에서 여러 약물이 나왔지만 그중 가장 핵심적인 것, 즉 사람의 판단력을 저하시키고 일정 시간 업무를 볼 수 없게 하는 약물이 무엇인가에 집중해 찾다 보니 프로포폴과 에토미데이트 같은 약물에 주목하게 되었다는 말씀이다.

조동찬　　　제2의 프로포폴로 불리는 에토미데이트와 프로포폴 중 나는 프로포폴에 더 집중했다. 청와대는 프로포폴을 구매하려 하지 않았다. 다만 비선 진료에서 계속 등장하고 있다. 에토미데이트는 비선 진료에서는 등장하지 않고 청와대의 의약품 구입 목록에 있는 정식 구입 물품이에요. 청와대 의무실장은 이에 대해 '응급 상황에서 기관 삽관할 때 근육 긴장을 푸는 일종의 근육진정제'로 구매했다고 설명했다. 그래서 그분의 말이 얼마나 타당한지 한번 따져보았다. 그분이 서울대 응급의학과에서 트레이닝을 마쳤는데, 당시 같은 곳에서 함께 트레이닝을 받은 이들에게 그 사람이 기관 내 삽관을 목적으로 에토미데이트를 쓴 적이 있느냐고 물어보았어요. 그 질문에 그랬다고 확인해주었다. 그렇다면 의무실장의 말을 있는 그대로 인정해줄 필요가 있다고 나는 판단했다.

박주민　　　방송 시작하기 전에 우리끼리 잠깐 나눈 말이지만, 공식적으로 구매한 약품의 경우 관여한 이가 많기 때문에 구매할 당시 밝혔던 목적 이외로 사용하기는 어렵다고 했다.

조동찬　　　그렇다. 청와대에서 정식으로 의약품을 구매하는 과정에서 의무실장과 간호장교 외에도 약품의 구매와 설치를 담당하는 사람들이 알게 된다. 적어도 열 명 정도는 알게 된다. 굳이 대통령이 다른 목적으로 사용할 약을 그렇게 사람들이 알 수밖에 없는 목록에 배치해놓고 은밀히 사용하기는 어렵지 않을까 본다.

박주민　　　판단력을 저하시킬 수 있는, 일정 기간 업무를 보기 어렵게 만드는 약품이 몇 가지 청와대 의약품 구입 목록에 있지만, 공식적으로 구매한 약품은 실제로 그런 용도로 쓰이기는 어려웠을 것. 그런데 프로포폴의 경우 정식 구매 통로가 아니라 비선 의료를 통한 대리 처방 의혹에서 언급되기 때문에 이것이 과연 청와대에 흘러들어가 박대통령이 사용했는지는 그 가능성이 다르다는 말씀이다.

조동찬   그렇죠. 일단 내가 갖고 있는 증거가 미약한 데다가 프로포폴을 바로 4월 16일의 청와대와 연결 짓는 건 상당한 비약이에요. 다만 대통령과 대단히 가깝게 지내온 비선 실세 최순실이 단골로 다녔던 성형외과의 의사가 전문의도 아니고 전공의 과정을 마치지 않은 일반의인데, 그 일반의가 최순실 모녀에게 처방했던 약이 프로포폴이라면 그 끈이 어디까지 닿아 있는지 한번 파헤쳐봐야 한다는 생각이다. 그리고 향정신성 의약품이 그렇게 불법으로 처방되었다는 것은 대통령과 관련 없어도 그냥 밝혀내야 할 일이다.

대통령의 혈액 반출

박주민   최순실만의 불법 행위라 해도 밝혀야 하는 것이다. 향정신성 의약품은 우리나라에서는 엄격히 처방되고 관리되는 약품이다. 그래서 그런 약품을 대리 처방해 갔다는 것은 대통령의 관여 여부와 관계없이 반드시 밝혀야 한다. 김영재 원장과 관련해서는 이렇게 짚어보았다. 이제 차움의원 출신의 김상만이라는 분이 등장한다.

조동찬   차움의원에서 최순득 최순실 자매가 주사제를 대리 처방받았다. 2011년 1월부터 2014년 10월 20일까지 차움의원의 최순득 최순실 자매 진료기록부에는 '박대표' '대표님' '안가' 'VIP' '청'이라는 표현이 29차례 나온다(2016년 11월 15일 서울 강남구보건소 조사 결과). 그 중 19차례는 최순실 자매가 아닌 박대통령이 주사를 맞은 것이라고 김상만 원장이 강남구보건소 조사에서 진술했다. 취임 전에는 "(대통

만약 그것이 의료적인 것이라면

령이) 직접 주사를 맞고 간 것을 최씨 자매의 이름으로 작성"했고, 취임 이후에는 김원장이 직접 청와대로 주사제를 가져갔다고 했다. 그러면서 "정맥주사인 경우 간호장교가 직접 주사했고 피하주사인 경우 (직무 후에) 직접 놨다"고 말했다.

그리고 길라임이라는 가명. 박대통령이 차움의원을 이용하면서 길라임이라는 가명을 썼던 것을 JTBC가 단독 보도했다(2016.11.15). 내가 기자로서 물먹은 것이다. 당시 한 후배가 그 기사를 내게 보내주었는데, 처음 보고는 누가 드라마 '시크릿 가든'의 여주인공 이름까지 패러디했네 하면서 농담인 줄 알았다. 그런데 그런 일이 실제로 일어났다는 것이 드러났다. 물론 그 진료 기록은 대통령이 실제로 방문한 것이 아니라 단순히 차트를 보관하고 처방하기 위해 한 것이라고 차움의원이 해명했지만, 아무튼 박대통령의 주사제가 최순득, 최순실, 길라임이라는 이름으로 대리 처방된 사실이 드러난 것이다.

그런데 여기서 흥미로운 것이, 앞서 말했듯이 2013년 9월 2일, 물론 세월호 참사가 일어나기 전이기는 한데, 그때 청와대의 간호장교가 대통령의 혈액을 차움의원으로 가져왔다는 부분이다. 대통령 혈액 반출을 누가 지시했는지 전혀 알 수 없다. 대통령 혈액 검사는 2급 국가 기밀이라 국군 서울지구병원이나 청와대가 지정한 특정 병원에서만 이루어지도록 되어 있다. 대통령 주치의가 근무하던 세브란스병원과 서울대병원이 지정되어 있는데, 그런 공식 지정 병원을 두고 병원도 아닌 의원에서 그런 일이 일어난 것이다. 병원은 30개 이상의 병상 등 일정한 시설을 갖추고 응급 의료가 가능한 곳을 말한다. 이러한 비선 의료 의혹에서는 그것을 누가 지시했는지가 중요하다. 어떤 라인을 통해, 무슨 목적으로 그런 일이 일어났는지를 살펴봐야 한다.

일단 대통령 혈액 반출을 누가 지시했는지를 밝혀야 한다. 청와대 간호장교는 국방부 소속이기 때문에 국방부가 일차적으로 설명해야 하고, 청와대도 해명해야 한다. 그런데 그에 대해 우리가 계속 묻지만 누구도 답을 하지 않고 있다.

박주민　　　미국으로 연수를 간 조대위가 자기는 대통령의 혈액을 채혈한 적 없다고 밝혔다. 신대위도 11월 29일에 기자회견을 열어 자기는 채혈한 적이 없다고 입장을 밝혔다. 이는 김상만 원장의 주장과 대치된다.

조동찬　　　세월호 참사 당일 청와대 의무실장과 간호장교 두 명은 평소처럼 청와대로 출근했습니다. 간호장교 신대위와 조대위는 국군 서울지구병원 소속으로 청와대에 파견 근무 중이었어요. 지금 신대위는 전역한 뒤 강원도 원주 건강보험심사평가원에서 근무하고 있고, 미국에서 연수 중인 조대위는 현직 군인 신분이다. 그런데 청와대 대변인은 세월호 참사 당일 두 간호장교 모두 대통령에 대한 진료나 처치를 하지 않았다고 했고, 신대위도 기자회견에서 '점심을 먹기 전 의무실장이 가글(구강청결제)을 갖다 주고 오라고 이야기해서 (관저) 부속실에 전달만 했다. (상대가) 부속실 누구였는지는 기억나지 않는다'고 말했다.

　　　　　　　　　　　　　　　만약 그것이 의료적인 것이라면

그런데 청와대에서 근무한 적이 있는 또 다른 전직 간호장교로부터 청와대에는 의무실 외에도 대통령 관저 안에 의료 시설을 갖춘 간호장교 근무 공간이 또 있다는 제보가 들어왔어요. 의무실에서 근무하는 간호장교가 가끔 관저에 들어가기는 해도, 관저에 근무하는 간호장교만큼 대통령의 일거수일투족을 알기는 어렵다고 말했습니다. 그래서 SBS가 그걸 보도했죠. 그럼, 청와대 관저를 드나들 정도로 대통령과 가까운 위치에 머무는 간호장교의 행적이 세월호 7시간의 의문을 푸는 데 결정적인 열쇠가 될 걸로 파악했죠.

그 후 조대위가 관저에 별도의 의무 공간이 따로 있다는 SBS의 보도를 의식했는지, 11월 30일(미국 현지 시각) 전화 인터뷰에서 다음과 같이 말했다.

"청와대는 의무동과 의무실의 두 가지 성격으로 나뉘어 있습니다. (간호장교가) 각각 다른 곳에서 근무를 했었습니다"(SBS 2016.12.01).

조대위의 입에서 처음으로 청와대 의무실이 두개의 시스템으로 움직인다는 얘기가 나온 순간이었다. 그러면서 본인이 청와대 의무동에서 근무한 사실을 인정했다.

신대위는 자신이 직접 대통령을 주사한 적이 없다고 얘기했다. 청와대 의무실에서 근무했던 간호장교였으니 나는 그 말이 맞다고 생각한다. 그런데 의무동에서 근무한 조대위로서는 대통령에게 직접 주사를 놓지 않았다고 말할 수 없을 것이다. 물론 어쩔 수 없이 본인도 주사했다고 스스로 인정했다. 하지만 이들은 대통령이 어떤 주사를 맞았는지에 대해서는 의료법 위반에 해당한다며 말할 수 없다고 했다.

그러면서 또 한 가지, 대통령이 외부에서 비선 진료를 받은 적이 없다고 얘기했다. 그런데 이렇게 본인이 다 확인할 수 없는 부분에 대해서까지 단정적으로 말한 것은 의문이 드는 대목이다. 아무리 청와대에 근무하는 간호장교라 하더라도 경내 바깥에서의 진료에 대해서는 모르는 부분이 있을 텐데 조대위는 '잘 모르겠다'고 하지 않고 굳이 '그런 적이 없다'고 말했다.

지금, 대통령이 서울대병원 강남센터에서 토요일에 진료를 받았다는 정부 관계자들의 증언을 JTBC가 보도하면서 비공식 진료 의혹은 커져가고 있다(2016.11.30). 이에 대해 서울대병원은 아직까지 아무런 답변을 하지 않고 있다. 우리가 취재해보니 실제로 센터가 문을 열지 않는 토요일에 대통령이 방문한 사실을 여러 사람들이 알고 있었다. 그러니까 JTBC의 보도가 이렇게까지 나왔다면 절반은 확인된 셈이다. 그렇게 조대위 본인이 대통령이 외부에서 비공식 진료를 받은 적이 없다고 규명한 것은 인터뷰 사전에 뭔가 말을 맞춘 정황이라 할 수 있다.

또 그렇다면 보건복지부가 밝힌 2013년 9월 2일의 대통령 혈액 반출은 어떻게 설명할 것인가. 내가 만약 11월 30일 조대위를 인터뷰할 수 있었더라면 다음 사실을 제일 먼저 물어보았을 것 같다. 2013년 9월 2일 대통령의 혈액을 차움의원으로 운반한 간호장교는 누구였느냐, 당신이 아니었느냐고. 신대위와 조대위, 둘 모두에게 그 질문을 던졌어야 했다. 그 질문이 빠졌다는 것이 아쉽다. 우리가 조사해보니까 조대위는 2014년 1월부터 2016년 2월까지 청와대에서 근무했고,

만약 그것이 의료적인 것이라면

신대위는 2013년 4월부터 2015년 2월까지 근무를 했다. 그렇다면 신대위가 용의 선상에 오르는데, 문제는 신대위는 대통령을 밀접하게 만날 수 있는 의무동의 간호장교가 아니었다는 것이다. 그러면 그 기간에 제3의 간호장교가 있었을 가능성이 생긴다. 만약 그 당시에도 청와대 의무실이 간호장교 두 명이 근무하는 체제였다면 더욱 그럴 가능성이 크다.

제일 중요한 것은 대통령의 혈액 반출을 누가 지시했는지 밝히는 일이다. 원래는 청와대 의무실장이 지시를 내려야 맞는 일이다. 대통령의 주치의들은 그 일에 대해서는 모른다고 일단 진술했기 때문에 청와대 의무실장이 나서서 밝혀야 한다.

- 대통령의 혈액: 보건복지부는 2016년 11월 15일 '강남보건소 차움의원 조사 보고서' 발표를 근거로 2013년 9월 2일 박대통령의 혈액이 차움의원에 반입되었다고 밝혔다. 당시 차움의원의 의사였던 김상만 원장은 대통령의 혈액을 최순실의 이름으로 검사한 것으로 드러났다. 김원장은 2016년 11월 강남구보건소 조사에서는 대통령의 혈액을 들고 온 이가 간호장교라고 진술했다가, 나중에 12월 2일 동아일보와의 인터뷰에서는 청와대 남자 행정관이 가져왔다고 번복했다. 채혈에 대해서는 "확실하지는 않지만 간호장교밖에 더 있겠냐"고 했다(동아일보 2016. 12.02). 또 대통령 혈액을 검사한 이유에 대해서는 '자연살해세포 활성도'를 검사하기 위해서라고 말

했다. 그리고 12월 14일 국회 국정조사특위 청문회에 출석해서는 김원장은 이영선 행정관이 대통령의 혈액을 가져왔다고 말했다.

그러다가 2016년 12월 30일 검찰이 확보한 이영선 행정관의 휴대전화에서 2013년 5월 말 정호성 전 비서관에게 보낸 '대통령 채혈한 것을 내일 잘 챙기겠다'라는 내용의 문자메시지가 나왔다. 보건복지부가 밝힌 날짜의 것과는 다른 채혈이었는지는 앞으로 밝혀져야 한다(한겨레 2016.12.30).

박주민　　　잠깐 정리를 해보겠다. 벌써 조기자가 향후 진상 규명에서 짚어야 할 두 가지 숙제를 주었다. 첫 번째, 김영재 의원에서 프로포폴을 처방해간 최보정의 정체를 확인해달라는 것. 특검에서 하든 국정조사특위에서 하든. 그 최보정이 최순실의 가명이 맞다면, 그다음 단계로, 처방받은 프로포폴을 어디에 썼는지 밝혀내야 한다. 청와대로 흘러들어 갔는지, 아니면 아는 지인과 나눠 썼는지 철저히 조사해야 한다.

두 번째, 대통령의 혈액이 반출된 것까지는 보건 당국의 발표로 확인되었는데, 현재 용의 선상에 있는 두 간호장교 모두 아니라고 하니 제3의 간호장교가 있을 가능성이 있다는 것. 그 사람이 누구인지 확인해야 하고, 그 간호장교에게 지시를 내린 장본인이 누구이며 무슨 목적에서 그랬는지 밝혀야 한다. 대통령의 혈액이 반입된 곳이 청와대가 공식 지정한 특정 병원이 아니라 줄기세포 시술 의혹을 받는 의원이기

　　　　　　　　　　　　　　만약 그것이 의료적인 것이라면

때문에 더욱 그렇다는 말씀이다.

그런데 청와대의 공식 라인이나 의무실에서 지금 우리가 의혹을 제기하는 어두운 의료 행위에 대해 알 수 있었나? 김상만 원장 같은 경우는 대통령의 주치의도 모르게 자문의로 위촉되었고, 그렇게 위촉된 자문의가 대통령의 처방이나 치료를 했을 것으로 보이는 상황들이 공공연히 벌어진 것 같다.

조동찬　　　　일단 대통령 주치의는 상근이 아니다. 상임이기는 하지만 상근이 아니다. 그렇기 때문에 주치의가 모르는 상황에서 그런 자문의가 들어가서 진료를 하는 일이 있을 수 있다. 다만 상근하는 청와대 의무실장은 그런 일을 알아야 한다. 그리고 지금 여러 언론에서 보도되고 있듯이, 경호실은 청와대를 출입하는 인사들에 대해 다 기록을 남겨야 하기 때문에 그렇게 공식적인 루트로 확인될 수 있는 부분이 분명히 있을 것이다. 어쨌든 김상만 원장이 대통령 자문으로 위촉받는 과정에 대해 초대 주치의인 이병석 세브란스병원장이 당시엔 몰랐다고 KBS가 보도했다. 우리도 확인해봤는데 그게 사실이었다.

• 보안 손님: 2016년 12월 14일에 열린 국회 '최순실 국정농단 국정조사특위' 청문회에서는 대통령의 비선 진료 문제가 집중적으로 다루어졌다. 김영재 원장은 '보안 손님'으로 청와대를 드나든 사실을 인정했으나, '2014년 4월 16일에 청와대에 들어간 적은 없다'고 부인했다. 김상만 원장은 '대통령 자문

의로 임명되기 전에도 청와대에 두세 차례 들어가 박대통령
에게 태반주사를 놓았다'고 인정했다.

- 의무동과 의무실: 2016년 11월 30일 조대위는 언론과의 전화
  인터뷰에서 세월호 참사 당일 청와대 의무동에서 근무했다
  고 주장했다. "(~2014년 4월 16일, 청와대에서 근무했죠?) 청와
  대 의무동에서 근무했습니다. 청와대 의무동은 대통령을 위
  한 진료 공간입니다." 하지만 12월 22일 국회 국정조사특위
  청문회에 출석해서는 자신이 한 말을 번복했다. 11월 30일
  인터뷰 때와 달리, 대통령에게 태반주사를 놓은 적이 있고,
  대통령의 외부 병원 약 심부름도 했다고 인정했다. 그런데 세
  월호 참사 당일 본인이 근무한 곳은 대통령을 진료하는 의무
  동이 아니라 일반 직원들을 진료하는 의무실이었다고 말을
  바꾸었다(SBS 2016.12.22).

**'미안하다고 사과해주시고요,
그리고 잊지 않겠다고 약속해주세요'**

박주민　　　그런데 한 가지, 짚어보고 싶다. 이큰별 피디가 지적하
기를, 박대통령이 해외 순방을 가기 전에 꼭 이틀을 쉬었고 그때 주로
김상만 원장이 주로 들어왔다고 했다. 이 얘기가 어떤 연결 고리가 될
수 없을까?

　　　　　　　　　　　　　　　만약 그것이 의료적인 것이라면

조동찬　　사실 대통령이 진료를 위해 청와대로 들어오라고 했을 때 거부할 의사가 얼마나 있겠나. 김상만 원장 같은 경우는 주류에서 인정받지 못하는 태반주사, 백옥주사, 신데렐라주사를 본인은 대단히 좋은 주사라고 믿는 의사다. 그런 주사들을 잘 쓰는 의사로 알려져 있고 그의 밑에서 배우려는 의사들도 상당히 많다. 그래서 본인이 선호하는 치료를 대통령이 부탁하는데 마다할 이유가 없지 않느냐 하는 시각도 있다. 나는 김상만 원장이 앞서 말한 향정신성 의약품을 잘 다룰 수 있는 의사인가 아닌가에 초점을 맞추어보았다. 김원장의 주변 사람들에게 물어보았는데 그분은 그런 약품을 다룬 적이 거의 없었다. 그래서 앞으로 세월호 7시간에 대해 뭐가 더 나올지 모르지만, 내가 보기에는 김상만 원장은 살짝 용의 선상에서 벗어나 있는 것 같다. 사실 김영재 원장 주변을 좀 더 알아보고 싶다.

- 주사제를 직접 전달: 2016년 12월 14일 국회 국정조사특위 청문회에서, 김상만 원장은 관저에서 대통령을 만나 태반주사와 백옥주사를 직접 전달했다고 밝혔다. 주사제 사용법도 같이 전달했다고 했다. "아무튼 주사제를 그분 손에 쥐어줬다. 그 주사를 어떻게 맞아야 하는지 다 확인하고 설명 다 해드리고 직접 해드렸다. 간호장교가 아니라 그분한테" "가르친 것이 아니고 주사를 주면서 주사의 사용 방법을 자세히 쓴 것을 대통령한테 전달했다" "제가 직접 놓은 주사는 라이넥이라고 하는 태반주사밖에 없다. (백옥주사 등) 정맥주사는 누

가 났는지 한 번도 본 적이 없고 전혀 모른다"(한겨레21 2016. 12.21).

박주민   김영재 원장은 매선 방식 실리프팅을 잘하는 분이라고 하더라. 그 시술을 하는 데 한 7시간 정도 걸린다는데.

조동찬   의사에 따라 다른데, 보통 시술에 다섯 시간가량 걸리는 편이고 좀 서툰 의사의 경우 일곱 시간이 걸린다고 한다. 그런데 이 분은 많이 해본 분이니 빠르면 서너 시간에 마칠 수도 있을 것이라 본다. 그런데 그보다 중요한 점은 서울대병원과 연세대 세브란스병원에서 김영재 원장에 대한 지원이 이루어졌다는 겁니다. 김원장이 개발한 성형수술용 실이 식품의약품안전처의 허가를 받는 과정에서 세브란스병원의 또 다른 대통령 자문의가 도움을 주었고, 김원장의 가족 회사가 산업자원부에서 주는 연구비를 따내는 데에도 서울대병원이 도움을 주었다는 의혹을 SBS가 보도했다. 그렇게 김원장의 가족 회사가 산업통상자원부의 용역을 받아 수술용 봉합실을 개발하는 연구에는 서창석 서울대병원장을 비롯해 서울대병원 산부인과와 연세대의대, 가톨릭의대 교수들이 참여했다.

박주민   업계에 잘 알려지지 않은 자그마한 성형외과 의원에 국내 굴지의 대학병원들이 지원한 배경이 석연치 않다. 김영재 원장 뒤에 막강한 배경이 있지 않고는 어렵다고 본다. 그런데 그 뒤에 누가 있

만약 그것이 의료적인 것이라면

었겠는가. 그리고 그분이 다루었다는 약품, 그분이 했다는 성형수술에 대해서도 좀 더 파헤쳐봐야 할 것 같다.

조동찬　　　나는 좀 죄송한 게, 내가 단독 보도했던 것들은 사실 SBS 취재 기자들이 공동으로 이뤄낸 결과이다. 이러한 좋은 자리에 나와 마치 나 혼자 다 취재한 것처럼 막 얘기하는 것이 동료들한테 미안하다. 나는 취재 과정에서 아주 작은 부분을 담당했을 뿐이다.

박주민　　　그런 사정은 나도 마찬가지이다. 이 자리는 다 우리 의원실의 스텝들이 만든 것인데 정작 내가 나와서 앉아 있다. 다시 하던 이야기로 돌아가면, 방금 말씀한 지원과 특혜 의혹을 좀 더 파봤으면 좋겠다. 구체적으로는, 그렇게 대규모 프로젝트를 받게 하고, 저명한 의사들이 발 벗고 나서서 돕게 만든 그 배후가 누구인지를 밝히는 것이다.

조동찬　　　그리고 한 가지 더 말하고 싶은 게, 11월 26일 서창석 서울대병원장은 긴급 기자회견을 열어 김영재 원장에 대한 특혜 의혹을 해명했다. 그때 '2014년 봄 김원장의 부인이 당시 내가 맡고 있던 산부인과 과장실을 찾아와 수술용 실을 성형외과에서 쓸 수 있게 해달라며 각종 자료를 들고 와 성형외과로 연결해준 적이 있다'고 밝힌 바 있는데, 만났을 당시 김원장의 부인이 산업통상자원부가 이미 가족회사에 자금을 지원하기로 결정되었다는 사실도 말했다는 것이다.

박주민　　　서울대병원장이 기자회견에서 공식적으로 밝힌 것인 만큼 산업통상자원부 쪽도 파헤칠 필요가 있겠다. 그러니까 산업통상자원부 쪽에 연결된 라인을 조사해서 올라가면 그런 오더를 내린 사람이 있을 것 아닌가. 이 짧은 시간에 조기자가 내게 벌써 숙제를 네 가지나 주었다. 최보정이라는 가명으로 프로포폴 처방을 받은 이가 최순실이 맞는지 그리고 처방받은 프로포폴은 어디로 흘러갔는지, 대통령의 혈액을 반출한 간호장교는 누구이며 이를 누가 지시했고 어떤 목적으로 그랬는지, 김영재 원장이 여러 대학병원들의 지원을 받게 된 배후에는 누가 있는지, 마지막으로, 산업통상자원부 쪽에서는 누가 김영재 원장 특혜 의혹과 관련되어 있는지 이렇게 네 가지다.

　여기서 마무리하겠다. 짧은 시간에 전문적인 얘기들이 많이 나와서 여러분이 따라올 수 있었을지 걱정이지만, 나로서는 조기자의 말씀에 푹 빠져서 주위의 반응조차 살펴보지 못하고 진행했다. 마지막으로 한 말씀 부탁한다.

조동찬　　　내가 단원고를 취재했을 때 학생들이 했던 말이 있다. '미안하다고 사과해주시고요, 그리고 잊지 않겠다고 약속해주세요.' 딱 두 가지였다.

박주민　　　생존 학생들이 했던 말인가요?

조동찬　　　그렇다. 참으로 학생들에게 미안한 마음을 갖고 취재하

　　　　　　　　　　　　　　　만약 그것이 의료적인 것이라면

고 있다. 그런데 취재를 하면서 한 가지 우려가 들었다. 지금으로서는 청와대와 프로포폴 사용을 직접적으로 연관 지을 단서가 없다고 내가 계속 말했는데, 만약 그 연관 없음이 사실로 밝혀지면 그것이 청와대와 대통령이 세월호 7시간에 적절한 대응을 하지 못했다는 것에 면죄부를 주고 그들의 잘못을 정당화하는 역할을 하지 않을까 하는 생각이다. 그러니까 설령 우리가 추정했던 것과 달리 청와대 관저에서 실제 벌어진 일이 멀쩡하게 TV를 보거나 신문을 봤다는 등 일상적인 것이라 하더라도, 그 7시간에 대한 적절한 대응이 최고 권력기관으로부터 나오지 않았다는 사실 자체는 없어지지 않는다.

나는 최근 들어 이러한 절대적인 잘못이 엄연한데, 절대적인 잘못은 두고 괜히 나 혼자 사소한 원인 찾기에 너무 몰입한 것 아닌가 하는 우려가 들고 있다. 남은 의문점이야 계속해서 가능한 범위 안에서 취재해야겠지만, 중요한 것은 이큰별 피디도 계속 얘기했지만, 그 7시간에 청와대에서 적절한 대응이 나오지 않았다는 것, 절대적 잘못이 있었다는 것을 우리가 끊임없이 상기하면서 가는 것이 아닐까 싶다.

박주민　　　　나도 방금 한 말씀에 공감한다. 많은 이들이 그 7시간 동안 박대통령이 대체 무슨 약을 드셨는지, 어떤 미용 시술을 받았는지에만 주목하고 궁금해하는데 그게 중요한 것이 아니라는 말씀이다. 대통령이 무엇을 하고 있었든 간에 그 7시간 동안 적절한 지시와 대응을 하지 않았던 것은 분명하고, 그에 대해 책임을 묻고 따지는 작업은 계속 진행되어야 한다. 오히려 그 시간대에 그분이 뭘 했는지에 우리가 계속 관심을 기울이다 보면 의외로, 뜻하지 않게 면죄부를 주는 결과를 낳을 수 있다는 말씀을 했다. 우리 모두 염두에 두어야 할 점이다. 오늘 굉장히 바쁘고 힘든 와중에 나온 조기자에게 다시 한 번 큰 박수를 보낸다. 이것으로 조동찬 기자와의 코너는 마치겠다. 이번 코너를 통해 우리가 앞으로 해야 할 과제가 무엇인지 하나둘 확실해져간다는 느낌을 받았다.

만약 그것이 의료적인 것이라면

여전히 내가 궁금했던 건 풀리지 않고 있다

: 조동찬

그동안 정말 많은 일이 있었다. 그토록 만나고 싶었던 사람들이 국회 청문회에서 증언을 했다. 몇몇은 특검 조사까지 받았다. 김영재 원장은 국회에서 '최순실을 몰랐지만, 최순실이 가명으로 사용한 최보정은 모두 최순실 본인이 진료를 받은 것'이라고 진술했다. 자가당착이었다. 청와대 간호장교 조여옥은 세월호 참사 당일 대통령 전용 진료 공간인 의무동에서 근무했었다는 기존 언론 인터뷰의 내용을 국회에 나와 뒤엎었다. 그리고 다시 미국으로 떠났다.

그사이 나는 최순실이 김영재 의원에서 사용한 최보정이라는 가명 속에 들어 있는 비밀을 하나 찾아냈다. 최보정의 주민등록번호 앞자리는 최순실의 생년월일이 아니었다. 한 구의원의 설명에 의하면, 그 주민등록번호의 생년 부분만 최순실의 것과 같을 뿐, 생월일은 박근혜 대통령의 것과 일치한다고 했다. 최보정에는 박근혜 대통령을 의미하는 단서가 들어 있다는 제보자의 증언이 한 달이나 걸려 사실로 드러난 것이다.

가명 진료와 치료는 그 자체로 의료법 위반이다. 의사와 환자 모두

처벌받아야 한다. 게다가 처방 약품이 프로포폴이었다. 향정신성 의약품이다. 하지만 여전히 내가 궁금했던 건 풀리지 않고 있다. 최보정 이름으로 처방된 프로포폴이 도대체 누구에게 갔는지 말이다.

얼마 전 방송국 대기실에서 세월호 미수습자인 은화 어머니를 만났다. 낯이 익어 인사를 드렸는데, 의학전문기자라는 말을 듣더니 한참을 얘기하셨다. 세월호 피해자들의 트라우마에 대해서였다. 잠시 후 스튜디오로 이동해 예정되어 있던 건강 뉴스를 전달했다. 평소와 달리 방송 원고를 보며 책을 읽듯 방송했다. 눈물을 참느라고 힘들었었다. 생방송을 마치고 다시 대기실에 들어가 인사했다. 허락을 받은 후 안아드렸다. 그리고 잊지 않겠다고 했다.

아직
알리바이를
확정할 수
없다

김완 · 박주민

김완 | 한겨레21 기자 |

03

박주민 　　　지속적으로 세월호 7시간을 취재해온 기자와 피디 등 전문가들과의 대화를 통해 실상이 무엇이고 아직 남아 있는 진상 규명 과제가 무엇인지를 살펴보는 프로그램을 진행하고 있다. 앞서 조동찬 SBS 의학전문기자, 그리고 '그것이 알고 싶다'의 이큰별 피디와 대담을 진행했다. 두 분이 진상 규명을 위해 우리에게 던져준 과제는 다음과 같다.

　이피디와의 대담에서는 2014년 3월 말부터 그해 5월 중순까지 대통령이 매주 수요일마다 공식 일정을 비웠는데, 최근 비선 진료 문제로 거론되는 성형외과 의사 김영재 원장 역시 수요일마다 휴진을 했었다는 언급이 나왔다. 두 사람의 일정상 어떤 연관 관계가 있는지 밝힐 필

　　　　　　　　　　　　　　아직 알리바이를 확정할 수 없다

요가 있다는 것이다.

조동찬 기자는 김영재 성형외과에서 최보정이라는 가명으로 프로 포폴을 처방해 간 사람이 실제로 최순실이 맞는지, 최순실이 맞다면 그렇게 처방받은 프로포폴이 어디로 흘러갔는지에 대해 밝혀야 한다고 했다. 그리고 2013년 9월 2일 대통령의 혈액을 차움의원으로 반출한 이는 누구이며, 누구의 지시에 따라, 또 어떤 목적으로 옮겼는지를 규명해야 한다는 숙제를 말했다. 또 김영재 원장 측이 현 정부 들어 산업통상자원부 등 관련 부처로부터 특혜를 받은 정황이 있다고 했는데, 그것이 사실이라면 개입한 사람이 누구이며 어떤 영향력을 발휘했는지 밝혀야 한다.

이러한 과제를 하나씩 해결하다 보면 세월호 참사 당시 대통령의 행적이 좀 더 분명히 드러날 것 같다. 어제 6차 촛불 집회에서는 서울에서만 150만 시민들이 촛불을 들고 거리로 나왔다. 전국적으로는 230만 명가량의 시민들이 촛불 집회에 참여했다. 또 서울 집회 중에 416개의 횃불이 등장하는 장면이 연출되어 화제가 되었다. 416개 횃불은 세월호 참사가 일어난 2014년 4월 16일을 상징한다. 그만큼 세월호 참사 당시 대통령의 행적, 즉 대통령이 과연 무엇을 했는지, 제대로 보고를 받았는지, 그리고 무슨 지시를 내렸는지에 대한 국민들의 관심이 뜨겁다는 것을 보여준다.

이러한 관심에 부응하기 위해 이후 대담에는 한겨레 기자들과 이재명 성남시장, 세월호 가족 등을 모셔 이야기를 나누려 한다. 먼저 〈한겨레21〉에서 대통령의 7시간을 계속 추적해온 김완 기자를 초대했다.

먼저 자기소개를 간단히 부탁한다.

김완　　　〈한겨레21〉의 김완이다. 우리는 최순실 게이트 이후 7시간 특별 취재팀을 꾸려서 운영하고 있다. 나 혼자 추적을 하는 건 아니고 팀 전체가 7시간을 5주째 들여다보고 있다.

박주민　　　〈한겨레21〉의 보도를 보면 다른 매체와 차별점이 있다. 4월 16일 당일뿐만 아니라 그날을 전후해 박대통령이 어떤 사안에 대해 관심을 가졌었는지를 집중 취재하고 있다. 이제는 많은 사람들이 의학적 시술이나 약물을 통한 숙면 등과 관련해 드러나기 시작한 박대통령의 행적에 관심을 갖고 있는데, 그와 달리 〈한겨레21〉은 다들 이미 해명된 줄 알고 지나친 부분을 다시 들여다보고 있더라. 정윤회와 관련된 의혹이 여전히 살아 있다는 취지의 보도를 보았다. 오늘도 이처럼 지나간 의혹을 다시 들춰볼 생각인가?

김완　　　그렇다. 우리는 일단 세월호 7시간을 통째로 다룰 것이 아니라 시간대별로 작게 쪼개서 들여다보기로 했다. 처음 취재팀을 꾸릴 때부터 그런 방침을 정했다. 보통 '잃어버린 7시간'이라고 통틀어 얘기하는데, 우리는 실제 규명해야 하는, 집중적으로 들여다볼 필요가 있는 시간대가 언제인지에 주목했다. 4, 5주 전만 해도 지금처럼 의료와 관련된 의혹이 거의 제기되지 않았기 때문에 처음에는 공문서를 들여다볼 수밖에 없었다. 그렇게 출발할 수밖에 없었는데, 지난 세월호

　　　아직 알리바이를 확정할 수 없다

관련 재판의 판결문에서 그 7시간을 설명하는 대목을 찾아 읽는 것에 서부터 출발해서 의구심을 가시지 않는 쪽으로 취재를 진행했다.

박주민　　　오늘 상당히 색다른 이야기가 나올 것 같다. 먼저, 그러면 4월 16일 당시 대통령은 과연 어떤 사안에 정신이 팔려 있었는가? 그 부분에 대해 〈한겨레21〉에서 취재한 내용을 설명해달라.

세월호 참사 다음날 대통령의 '체육계 개혁 오더'

김완　　　그게, 2014년 4월 무렵 정윤회와 최순실 두 사람은 이혼 소송 중이었는데, 부부에게 2014년은 매우 중요한 해였다. 딸 정유라의 대학 진학이 결정되는 해였고, 그 대학 진학을 위해서는 국가대표로 선발되어 그해 9월 인천 아시안게임에 출전하는 것이 반드시 필요했다. 최순실 게이트의 시작은 세월호 참사가 발생하기 여드레 전인 2014년 4월 8일 국회 대정부 질의에서 있었던 안민석 의원의 의혹 제기라고 봐야 한다. 그날 안의원이 국가대표 선발 특혜 등 처음으로 '공주 승마' 의혹을 제기했다. 정유라가 마사회나 대한승마협회로부터 특혜를 받고 있다는 것을 폭로하면서, 여기에 정권 실세라고 알려진 정윤회의 입김이 작용한 것이 아니냐는 의혹을 끄집어냈다.

　그때 사람들이 몇 가지를 의아하게 여겼다. 첫 번째, 정윤회가 정말 실세가 맞는가. 이 점을 확인하기 어려웠다. 정윤회가 공식 석상에서 사라진 것이 2006, 2007년 무렵이었기 때문에 그런 영향력을 충분히 행사할 수 있었겠나 싶었던 것이다. 당시에는 정윤회라는 인물 자체가 미스터리했다. 정윤회가 정말 정권 실세가 맞는지, 이 부분이 확실하지 않았다. 두 번째, 설사 그렇다고 해도 그의 딸 하나를 챙기려고 문화체육관광부와 대한승마협회, 삼성 등이 그렇게 조직적으로 지원했겠는가. 이것이 상식적으로 가당한가 하는 생각이 들었다. 당시 그런 주장을 한 안민석 의원실의 보좌관과 비서관들은 소외될 수밖에 없었다. 그런 의혹 제기를 수긍하는 사람들이 너무 없었으니까.

4월 8일 이후 상황이 다이나믹하게 움직였다. 4월 9일 대한승마협회 정기이사회가 열렸다. 협회의 회장사는 한화 그룹이었는데, 다들 알다시피 그룹 회장의 아들도 승마선수로 정유라처럼 여러 대회에서 메달을 딴 경력이 있다. 그 집행부가 안민석 의원의 국회 대정부 질의 한 방에 곧바로 사퇴 입장을 밝힌 것이다. 그런데 집행부가 사퇴 입장을 밝히면 대의원들이 그것을 추인하는 구조인데, 그 대의원들이 사실상 한화 집행부에게 나가라고 했다. 한 야당 의원의 국회 대정부 질의가 나온 뒤 단 하루 만에 한화가 구축하고 있던 대한승마협회 집행부가 와해되는 상황이 벌어진 것이다.

다시 이틀 후인 4월 11일 국회 교육문화체육관광위원회에서 새누리당 의원 7명이 안의원에게 서로 짠 듯 맹공을 퍼부었다. 촉망받는 선수의 장래를 망쳐놓으면 어떡하느냐, 직접 찾아가서 사과하라는 발언까지 나왔다. 안의원이 그 지점에서 위축될 수밖에 없었다. 국회 상임위원회에서 왕따를 당한 것이니까.

그로부터 사흘 뒤인 4월 14일 김종 문화체육관광부 제2차관이 기자회견을 자처했다. "(정유라는) 중·고등학교부에서는 독보적인 선수의

                                       아직 알리바이를 확정할 수 없다

자질이 있다는 게 승마계의 평가"이고 "정정당당한 실력으로 태극마크를 달았다"며 정유라가 각종 특혜를 받고 승마 국가대표에 선발되었다는 의혹을 부인했다. 알아봤더니 전혀 사실 무근이고 특혜 의혹은 전혀 없으며 그 선수는 오히려 국가가 지원해야 하는 훌륭한 선수라는 취지였다.

나는 그 기자회견도 납득이 가지 않았다. 행정부 차관이 국가대표 선수 한 명의 진상 규명을 위해 기자들을 다 불러 놓고 기자회견을 한다는 것이 가당하기나 한 일인가. 더욱 놀랍게도, 기자회견이 끝난 뒤 김종 차관이 YTN 취재진을 따로 만나 승마계 비리에 얽힌 비리 문건을 제보했다. 비리에 연루된 모 인사의 파일을 주면서 김차관은 다음과 같이 노골적으로 보도를 청탁했다. "우리는 언론 보도가 되면 수사에 탄력을 받을 수 있어서 좋고, 너는 특종을 써서 좋지 않으냐." 그것이 세월호 참사가 발생하기 이틀 전의 일이다. 그러면서 공주 승마 파문은 잊혀졌다.

여기서 또 한 가지 놀라운 일이 벌어졌다. 4월 17일, 그러니까 세월호 참사가 일어난 다음날, 대통령이 체육계 개혁과 관련된 오더를 내렸다. YTN 녹취에 따르면, 김차관은 4월 25일 세월호 보도에 빠져 있지 말고 승마 관련 보도를 빨리 하라는 취지로 취재진을 압박했다. 승마계 비리 조사가 박대통령의 뜻임을 강조하며 취재기자에게 "대통령께서 세월호 난 그다음 날, 체육 개혁 확실히 하라고 오더 내려왔다. 24시간 그 얘기(세월호)만 하나. 정책도 챙기라"고 말했다(YTN 2016. 11.01).

왜 승마 보도를 하지 않느냐, 하루 종일 세월호만 틀고 있느냐 하면서 승마 비리를 보도하라는 종용이었다. 상식적으로 납득이 되지 않는 일이었다. 세월호 참사 전날인 4월 15일의 국무회의에서도 아무런 언급이 없던 사건이 4월 17일 대통령의 오더로 떨어진 것을 보면, 4월 16일 청와대에서 무슨 일이 있었을 것이라고 추정해볼 수 있다. 김종 차관이 자신의 권위를 세우기 위해 거짓말을 한 것일 수도 있겠지만…. 어쨌든 대통령은 4월 29일 국무회의에서도 체육 개혁을 언급했다. 나는 이 부분에서 뭔가 움직임이 있었다는 의구심을 갖고 취재를 시작했다.

박주민 정리를 해보겠다. 날짜가 워낙 많이 나오니까 처음 듣는 이들은 따라오기 어려울 수 있다. 정유라가 국가대표로 발탁되는 승마대회는 2013년 4월에 있었던 것인가?

김완 그렇다. 한국마사회컵 전국승마대회인데 보통 경북 상주대회로 알려져 있다.

박주민 실력이 모자란다고 평가받던 고등학교 2학년생 정유라가 그 대회에서 예상외로 국가대표에 발탁될 만한 순위를 받게 된다.

2014년 당시 '비선 실세'는 누구였는가

김완 우스운 일이지만 그 대회에서 정유라가 2등을 한다. 승마는 선수의 저변이 넓지 않기 때문에 대회에 참가한 선수들이 골고루 입상하는 경향이 있다. 많이 보도된 내용이지만, 말이 좋으면 선수의 실력을 어느 정도 커버하는 효과도 있다. 그 대회에서 정유라가 2등을 했는데, 그 일로 한바탕 소동이 벌어졌다. 내가 취재한 모든 대한승마협회 관계자들이 입을 모아 말하기를 그때 처음 정유라의 힘을 실감했다고 했다. 최순실이 '우리 애가 2등을 했다'고 하면서 난리를 낸 것이다. 거기까지는 입시를 앞둔 극성맞은 학부모가 그랬으려니 할 수 있다.

그런데 느닷없이 상주경찰서가 심판 판정에 대해 내사에 들어갔다. 일이 돌아가는 것을 보던 대한승마협회 관계자들이 깜짝 놀랐다. 협회에 경기 조사 위원회 같은 일정한 체계가 있는데, 그걸 건너 뛰어버리고 경찰서에서 바로 심판들을 수사한 것이다. 그때서야 협회 사람들은 대체 정유라가 누구이기에 일이 이 지경이 되느냐고 궁금해했다. 소수의 사람들만 정유라가 최순실과 정윤회의 딸이라는 사실을 알고 있었다는 말이다. 물론 그전에도 좋은 말을 타고 다녔기 때문에 서울 강남 유복한 집안의 딸인가 보다 생각했겠지. 승마는 있는 집 애들이 아니면 하기 어려운 종목이라서 그런가 보다 했을 것이다.

여기서 중요한 언급이 하나 나왔다. 대한승마협회 관계자들이 기억하기를, 그때 최순실이 난리를 치면서 '유라 아빠가 누구인 줄 아느냐'고 수차례 말했다고 한다. 그때까지는 아직 초점이 최순실 본인에게 맞추어져 있지 않았던 것이다. '내가 누구인지 아느냐'가 아니라 '유라 아빠가 누구인 줄 아느냐'고 얘기를 했다. 그렇게 대한승마협회 관계자들은 '유라 아빠'라는 말을 기억했다. 나는 그 지점에서 그런 생각을 했다. 그렇다면 2014년에는 최순실이 아니라 정윤회가 뭔가 영향력을 행사했던 것이 아닐까.

박주민　　　2013년 4월에 열린 상주대회에서 정유라가 2등을 했는데 그 2등 한 것에 대해 경찰이 수사에 나설 정도로 소란이 벌어졌다는 말이다. 그리고 그로부터 1년 정도 지난 2014년 4월 8일 안민석 의원이 국회 대정부 질의를 하면서, 정유라가 대한승마협회 등으로부터 특혜를 받았다는 의혹을 제기했고, 그 질의가 상당한 파급력이 있었던지 바로 다음날인 4월 9일 대한승마협회 집행부가 전부 사퇴하는 일이 일어났다는 것이죠.

김완　　　회장단, 그러니까 회장을 포함한 5명의 이사들이 사퇴했다.

박주민　　　그리고 나서 4월 11일 국회 교육문화체육관광위원회에서 여당 의원 7명이 태세를 갖춰서 안민석 의원을 집중적으로 공격했다는 말이다. 면면을 보면 강은희 현 여성가족부 장관, 이에리사 의원 같은 이들이다. 안민석 의원도 당시 정유라를 비호했던 이들의 명단을 공개했었다. 그리고 4월 14일 김종 차관, 당시 스포츠계의 황태자 또는 대통령으로 불리던 분이 이례적으로 선수 한 사람을 위해 기자들을 불러서 기자회견을 하는 상황이 벌어졌다. 그다음에 4월 16일 세월호 참사가 있었고, 참사가 있고 나서도 국가적 중대사가 터졌기 때문

　　　아직 알리바이를 확정할 수 없다

에 그 노력을 멈춘 게 아니라, 계속 한 취재기자에게 전화를 해서 정유라에게 불이익을 준 체육계 인사들의 비리를 보도하라고 종용했다는 것이다.

김완　　　　문화체육관광부가 운영하던 '스포츠 4대악 신고센터'에 모 대학 승마 교수의 향응 접대 문건이 접수된 적이 있었는데 그것을 전달했다. 그 자체로 사실 말이 안 되는 일이다. 비밀 누설이다. 문화체육관광부가 그런 불법 사실을 확인했으면 경찰에 수사를 의뢰하면 될 일인데, 그렇지 않고 특정 언론사 기자를 따로 불러서 제보 문건을 넘겼다. 김종 차관이 그야말로 말이 안 되는 짓을 많이 했다.

박주민　　　　나중에 YTN 취재기자가 당시 녹취록을 공개했다. 4월 25일 김종 차관과의 전화 통화를 녹취한 것을 보면, 김종 차관이 4월 17일 세월호 참사가 있은 바로 다음날 대통령에게 오더를 받았다고 하면서 체육 개혁을 해야 한다고 말했다. 정유라를 불편하게 했던 사람들에 대해 공격성 보도를 하라는 취지의 압력을 행사했다는 것이다. 그리고 진짜로 4월 29일에는 대통령이 직접 나서서 국무회의 때 체육 개혁에 대해 언급했다.

　김기자 말씀을 듣고 보니 청와대 주위에 당시 얼마나 어수선하고 이례적인 흐름이 있었는지 보인다. 온 나라가 세월호 참사로 비통에 잠겨 있는데도 불구하고 한 사람의 선수를 위해 이렇게 많은 사람들이 움직였다는 것. 행정부 차관이 움직이고 대통령이 발언을 한 이상한 정황을 두고 왜 그랬을까 의아해했는데, 알고 보니 정윤회의 딸이라는 사실과 밀접했다는 것이다. 그런데 기자들이 정작 의구심을 품은 곳은 정유라가 정윤회의 딸이라는 데서 더 나아가, 정윤회는 2006, 2007년 이후에는 이미 공식 석상에서 사라진 사람인데, 어떻게 7, 8년이 지난 2014년에 실세일 수 있겠느냐는 부분이다. 그 점이 풀리지 않아서 적극적으로 보도하지 못했다는 말씀이다.

김완　　　　정윤회의 딸이라는 것은 알겠는데 그가 실제로 어떤 역할을 했는지가 당시 포착되지 않았다. 지금 같은 상황이었으면 낱낱이 파헤쳐졌겠지만 당시에는 적극적으로 보도하기 어려운 측면이 있었다. 지금도 박근혜-최순실 게이트라 불리는 것에서 알 수 있듯이 여전히 정윤회의 존재는 수면 아래에 가라앉아 있다.

박주민　　　　궁금한 것이 하나 있다. 앞서 삼성 이야기를 했는데 2014년 당시에도 정유라를 도와주는 세력 중 하나로 삼성이 거론되었나?

김완　　　　그 당시에는 삼성이 거론되지 않았다. 당시에 정유라 측에서 승마와 관련된 일을 봐주는, 전 대한승마협회 전무가 있었다. 이 양반은 언론에 여러 번 언급된 바 있다. 독일 갔을 때 따라갔었고, 삼성으로부터 돈을 받아왔다고 한다. 그 전무가 많은 역할을 하는데 당시에는 대한승마협회에 한화 집행부가 들어서 있던 상황이라 한화 쪽 사람으로 분류되었다. 그의 경력을 살펴보면 예전에 한 비리 사건에 연루되어 실형을 살았던 전력이 있고, 대한승마협회의 공식적인 직위가 없음에도 전무라 칭하면서 계속 협회 일에 개입해왔다. 그건 대한승마협회라는 조직의 특이성 때문인데, 협회는 공적 조직이기는 해도 회장사가 사실상 운영 자금을 넣는 구조이다. 회장사와의 다리 역할을 하는 사람이 필요한데, 그동안 회장사와의 관계를 책임져온 사람이 그 전무였다. 검찰이 아직도 그의 신병을 확보하지 않은 것이 의아할 뿐이다.

박주민 　그러면 4월 9일 대한승마협회의 한화 집행부가 퇴진한 뒤 곧바로 삼성 쪽 인사들이 들어왔는가?

김완 　바로는 아니고 2014년까지는 한화가 계속 회장사를 맡다가, 2015년 3월에 회장사가 삼성으로 바뀌었다. 최순실이 어떤 국정 농단을 했든 간에 그에게 자식 문제는 엄청 중요한, 포기할 수 없었던 문제였을 것이다. 당시 최순실 부부가 2014년 딸의 대학 진학을 위해 노력한 것을 보면 그렇게 판단된다. 대한승마협회에 한화 집행부가 사퇴하고 나서 삼성 집행부가 들어서는데 그때 다음 같은 얘기들이 회자되었다.

　청와대에서 삼성한테 대한승마협회를 맡으라고 했다는 것. 물론 삼성이 이를 부인했죠. 큰돈이 들어가는 일도 아닌데, 굳이 우리한테 하라 마라 할 이유가 없지 않겠느냐고. 2014년 11월부터 한화와 삼성 간 빅딜(삼성이 석유산업과 방위산업 관련 계열사 네 곳을 한화에 매각)이 이루어지는데, 그때 조건 중 하나가 삼성이 대한승마협회를 맡는 것이었다고 한다. 그것도 삼성이 다시 부인을 했다. 방위산업체가 얼마짜리인 줄 아느냐, 5조 원이 넘는 딜인데, 대한승마협회의 1년 예산이 얼마나 된다고 그것이 조건이 될 수 있겠느냐 하는 얘기였다.

사실 그 후에 나온 보도들을 보더라도, 삼성이 최순실과 정유라를 관리함으로써 청와대까지 관리했다는 그 구도에 놓고 보면 충분히 가능한 일이죠. 정윤회와 최순실에게는 당시 대한승마협회를 지원할 힘 있는 스폰서가 필요했을 테고, 그건 단순히 대한승마협회만의 문제가 아니라 그들 딸의 미래와 직결되는 문제라는 것을 삼성이 간파했을 것이다. 부부에게는 최우선순위의 문제였고, 그 문제를 해결해줄 수 있는 이는 대통령이나 김종 차관 같은 이들이었겠지. 앞서 말했듯이 대통령과 김종 차관이 그 당시 그 일로 다이나믹하게 움직였다. 그렇게 놓고 보면 충분히 권력의 논리를 그려볼 수 있다. 이 사건의 꼬리를 밟아가려면 앞서 말한 박전무의 신병을 확보해 조사를 진행해야 하는데, 검찰은 한두 번 조사하고 난 뒤 더 이상 수사 의지를 보이지 않고 있다. 중요한 포인트를 놓치고 있다고 생각한다.

박주민　　　　　김기자의 말씀대로라면 두 가지 숙제가 생긴다. 하나는 검찰이 박전무의 신병을 확보한 다음 적극 수사를 진행해야 한다는 것. 그런데 아마 검찰 입장에서는 쉽지 않을 것이다. 박전무가 회장사와의 관계를 맡았다고 하니까. 그 수사는 어떻게 보면 재벌의 아픈 곳을 찌르는 것일 수 있다. 그래서 적극적인 수사가 이루어지지 않은 것

　　　　　　아직 알리바이를 확정할 수 없다

같다. 특검에서는 재벌이 정유라를 지원한 것이 적극적 개입을 통한 뇌물인지 아닌지를 살펴보고 있다. 박전무의 진술에 따라 재벌의 지원이 사실상 강요에 의한 것이었는지, 아니면 재벌의 적극적 줄대기였는지 판가름 날 수 있다. 그러니까 박전무를 적극 수사해서 재벌과의 연계를 명확히 밝혀야 한다는 숙제가 하나 생겼다. 두 번째, 항간에 떠돌고 있는 2014년 11월 한화와 삼성 간의 빅딜이 진짜 권력 줄대기의 차원에서 이루어진 것인지도 밝혀야 한다.

김완　　　그 당시에 삼성은 개입 사실이 조금씩 드러날 때마다 해명을 했는데 이런 얘기를 했다. 한화가 대한승마협회 회장사를 맡는 것 때문에 골치 아파했다는 것. 정윤회의 딸이 협회로부터 특혜를 받았다는 얘기가 이미 공공연해졌고, 자기들이 협회의 회장사를 맡았을 때 그 일이 벌어졌기 때문이다. 그래서 한화가 삼성과 빅딜을 할 때 대한승마협회를 맡아달라는 얘기를 했다고 했다. 삼성이 이른바 '백브리핑'이라는, 기자들에게 따로 설명하는 자리에서 그 사실을 밝혔다. 빅딜을 협상할 때 대한승마협회 회장사를 맡는 것이 안건으로 올라와 있었던 것이다. 그렇게 한화는 앞서 말한 국회 대정부 질의가 있고 나서 대한승마협회 일에서 손을 떼고 싶어 했다. 오죽했으면 그다음 날 바로 협회 집행부가 사퇴했겠는가. 협회 회장 혼자서 결심한 일이 아니라, 한화 그룹 차원에서 지원했다가 손을 떼려고 한 것이다.
　여기서 그런 의구심이 자연히 생긴다. 최순실 부부의 입장에서는 정유라를 생각하면 가장 중요한 정부 조직이 대한승마협회였을 테니,

협회가 그런 식으로 와해되면 안 되었던 거죠. 그 당시 최순실이 국정 농단 와중에 어떤 험악한 일들을 저질렀는지는 몰라도 대한승마협회 문제는 당시 부부에게는 엄청 중요한 문제였다는 말이다. 충분히 추론이 가능하다.

박주민　정유라의 대학 입학이 중요했던 거죠. 딸을 소위 상위권 대학에 입학시켜야 한다는 의지가 있었을 테고, 그것을 위해서는 본인의 실력도 필요하지만 후원 업체나 경기 도구에 많이 의존할 수밖에 없는 종목을 선택했던 것이고. 그런데 그것만으로도 안 되었던 거죠. 말이 아무리 좋아도 실력이 안 되었던 거야. 그래서 대한승마협회처럼 경기를 관리하는 조직에도 영향력을 행사해야 했고, 그러다 보니 한화보다는 삼성 쪽이 협회를 맡아주는 게 좋았을 것이라는 것.

김완　부부에게는 한화나 삼성이나 크게 상관없었을 것이다. 어차피 재벌의 지원을 받고 있었으니까. 안민석 의원의 의혹 제기로 문제가 발생한 이상 대한승마협회 회장사 교체가 필요했던 것 같다. 4월 8일 국회 대정부 질의에서 정유라가 기존 회장사에서 특혜를 받고 있다는 보도가 나온 이후에 회장사를 교체할 수밖에 없게 되었는데, 그러면 어떤 회사가 맡을 것인가 정도의 고민은 있었을 것이다.

박주민　사실 대한승마협회 회장사라면 80, 90억 정도의 규모다. 삼성이라는 그룹 차원에서는 별것 아니었겠지만, 신속히 그 정도의 자본을 융통해 협회를 인수할 만한 회사가 우리나라에 많지 않지. 삼성 정도 되니까 돈을 빨리 융통해서 회장사를 맡을 수 있었을 것이다. 그래서 그 당시 빠르게 의사 결정을 내리고 현금을 동원할 만한 재벌은 삼성밖에 없지 않았느냐는 의혹이 지금 제기되고 있다. 그런데 이 의혹은 박전무라는 재벌가의 연결 통로를 수사해야 명확히 드러날 텐데, 검찰이 두어 차례 수사한 뒤에 더 이상 진행하지 않고 있다. 다시 말하지만 박전무과의 관계는 재벌 측에서는 아픈 부위일 것이다. 박전무는 재벌들이 박대통령의 강요에 못 이겨 지원한 것인지, 아니면 재벌이 적극적으로 줄을 대면서 뇌물성으로 금전을 제공한 것인지를 밝힐 키맨 중 한 사람이다.

김완 검찰이 그 부분을 얼마나 소홀히 했는지를 보여주는 에피소드가 하나 있다. 내가 어렵게 어렵게 박전무의 주민등록증상 주소를 알아내서 그곳을 찾아갔다. 처음에 알려진 것과는 다른 곳이었다. 거기서 탐문을 했는데 건물주가 검찰이 며칠 전에 다녀갔다고 하더라. 압수수색 영장을 들고 왔다고. 그런데 다른 사람이 살고 있는 이른바 가짜 주소였다. 그때가 검찰 수사가 시작되고 3, 4주가 지난 시점이었는데, 이는 검찰이 그때까지도 박전무의 집을 압수수색도 하지 않았고, 진짜 주소도 몰랐다는 말이 된다. 가짜 주소에 압수수색 영장을 들고 왔겠지. 대한승마협회 사람들은 박전무가 워낙 수사를 많이 받아본 사람이라 주민등록을 가짜 주소지로 해놓았을 것이라고 했다. 지금 주소지는 사람이 살 수 있는 곳이 아니었다.

박주민　　어느 정도이기에? 우리 집 정도의 수준인가?(웃음)

김완　　비가 오면 물이 차는 상가 건물 지하의 주소로 주민등록을 해놓았다. 게다가 자신과는 전혀 연고가 없는 뜬금없는 곳이다. 아무런 수사권이 없는 기자도 찾아갔는데 며칠 전에 검찰이 압수수색 영장을 들고 왔다니. 얘기가 안 되는 거다. 의지가 없는 거다.

박주민　　지금 보면 4월 16일 무렵 정윤회와 최순실은 딸의 대학 입학을 위해 총력을 기울이고, 대통령은 그와 관련해 발언하며, 문체부 차관은 언론에 압력을 행사한 정황이 직간접적으로 드러난다. 심지어 대한승마협회의 이사진까지 교체되었다. 그러니까 4월 16일 당시 박대통령의 온 정신은 세월호 참사가 아닌 다른 곳에 가 있었다는 것. 참사 다음날 체육 개혁을 서두르라는 오더를 내렸다는 것을 봐도 그렇다. 안 그래도 세월호 참사 수습에 정신이 없어야 할 처지인데 그 바쁜 와중에 그걸 따로 챙겼을 정도이니까.

정윤회의 알리바이

김완　　4월 16일 당일을 주목하는 이유는 서너 가지가 있다. 첫 번째는 정윤회의 당일 동선 때문이다. 가토 다쓰야 산케이신문 서울지국장이 정윤회가 4월 16일 대통령을 만났고 두 사람이 긴밀한 남녀 관계를 유지했던 것이 아닌가 하는 소문이 있다고 썼을 때, 청와대에서는 난리가 났다. 고발하고 나서도 외교 문제로 비하될 뻔했다. 가토 지국장 사건 판결문을 보면 그날 정윤회의 동선이 나온다. 그 동선은 당일 정씨의 휴대전화 발신지 위치 내역으로 입증된다.

4월 16일 정윤회의 통화 기록을 보면 발신 기준으로 오전 11시 3분에 서울 개포동 인근에서 전화 한 통을 했다. 누구에게 걸었는지는 모른다. 그리고 오후 2시 20분에 평창동에서 전화 발신이 되었다. 그다음 오후 3시 반에 그리고 5시 36분에 신사동 인근에서 발신이 되었다. 같은 장소에서 그렇게 오후 5시 넘어 또 발신이 있었으니 그때까지 신사동에 계속 머문 것이 된다. 그러다가 저녁에는 논현동에 있는 음식점으로 넘어가는 동선이다. 통화 기록이 오전 11시대에 한 번, 오후 2시에 한 번, 3시 반, 5시 반 등 다섯 차례 나온다.

이를 근거로 해서 정윤회는 재판 과정에서 '집에서 머물다가 평창동에 가서 한 지인과 점심을 먹고, 다시 집으로 돌아와 쉬었다'고 진술했다. 그렇게 집에서 쉬다가 저녁에는 친구를 만나 식사를 하기 위해 나갔다는 것이다. 그 설명을 법원이 그대로 받아들였다. 이 설명이 정말 맞을까. 이 설명은 말이 되지 않는다.

왜냐하면 첫 번째, 정씨가 말하는 집은 강남에 있는 최순실의 집이었기 때문이다. 그 당시 정윤회는 최순실과 이혼 소송 중이었다. 그러니까 정씨는 오후 3시 반에 최순실의 집에 가서 쉴 수 있는 상황이 아니었다. 상식적으로, 이혼 소송 중에 재산 분할이 원만히 해결되지 않아서 서로 날 세우며 싸우는 와중인데 그 집에 가서 쉰다는 것이 말이 되는가. 두 번째, 정윤회가 비선이라고 불리는 세월이 10년 넘어 15년 가까이 되는데, 그는 그동안 한 번도 꼬리를 밟히지 않았던 사람이다.

그런 사람이 검찰 조사에 나와 진술을 번복했다는 것은 말이 되지 않는다.

정윤회는 처음 검찰 소환 당시에는 4월 16일 집에 있었다고 했다. '세월호 당일 오전에는 집에서 특별한 일을 하지 않다가, 오후 6시경 신사동 약속 장소에서 친구 세 명과 식사를 하고 밤 10시경 귀가했다'고 밝혔었다. 그러다가 나중에 검찰이 통화 기록을 근거로 집이 아니라 평창동에서 오후 2시 20분에 전화했다는 사실을 지적하자, 그때서야 '아, 맞다, 그날 평소 알고 지내던 한학자를 만나서 점심 먹었다'고 진술을 번복했다. 검찰이 이를 받아들였다. 거짓말을 한 거지. 왜 받아들였느냐 하면, 결과적으로 통화 기록을 제출한 사람이 정윤회 자신이었기 때문에 거짓말을 할 확률이 낮다고 판단한 것이다. 그다음 문장이 중요한데, '개인이기 때문에 세월이 지나서 잊어버렸을 수 있다'고 얘기를 했다. 검찰에서의 그 진술이 2014년 8월의 일이다. 우리나라 사람이라면 대부분 2014년 4월 16일 그날 자신이 무슨 일을 했는지 다 기억한다. 사건이 워낙 충격적이었기 때문에 그 뉴스를 집 소파에서 봤는지, 회사에서 일을 하던 도중에 접했는지 다 기억한다.

• 일본 산케이신문 서울지국장 가토 다쓰야 사건: 세월호 사고 당일 행적에 관한 의혹 보도로 박대통령의 명예를 훼손한 혐의로 기소되었다가 2015년 12월 17일 무죄판결을 받았다 (2014고합1172). 2015년 8월 3일 산케이신문 인터넷판에 게시한 '박근혜 대통령, 여객선 침몰 당일 행방불명… 누구와 만

아직 알리바이를 확정할 수 없다

났을까'라는 제목의 칼럼 기사에서 가토 전 지국장은 세월호 참사 당일 박대통령이 정윤회와 함께 있었다는 의혹을 제기하면서 두 사람이 긴밀한 남녀관계인 것처럼 표현한 바 있다. 재판부는 "박 대통령과 함께 있었던 것으로 의심된다고 언급된 정윤회 씨의 당시 휴대전화 통화 기록과 진술을 종합할 때 대통령과 정윤회 씨는 함께 있지 않았다" "두 사람이 특별한 사이라는 점도 인정되지 않는다"고 밝혔다. 또 "문제가 된 소문의 내용은 부적절하지만 공적 관심 사안이고 대통령 업무수행에 대한 비판에 해당하므로 대통령의 명예를 훼손했다 보기는 어렵다"고 판단했다.

- 본인의 기억을 살려서: 이진성 헌법재판관은 박대통령 탄핵 심판 변론준비기일에서 "세월호 참사가 2년 이상 경과됐지만 그날은 워낙 특별한 날이다. 대부분의 국민은 그날 자기가 무슨 일을 했는지 기억을 떠올리면 각자 자신의 행적을 기억할 수 있을 정도의 중요한 의미를 갖는 날이다. 그래서 피청구인(박대통령)도 그런 기억이 남다를 것" "지금 문제되고 있는 7시간 동안 피청구인이 청와대 어느 곳에 위치했었는지 또 피청구인이 그동안 구체적으로 어떤 업무를 봤는지 공적인 부분이 있고 사적인 부분이 있을 텐데 시간대별로 밝혀달라" "본인이 가장 잘 알고 있으리라고 생각한다. 남김없이 밝혀주고 그에 대한 자료가 있으면 자료 제출을 당부드린다"고

요구했다(오마이뉴스 2016.12.22).

박주민　　　그뿐만 아니라 그 전에 풍문이 돌았으니 본인이 지목되고 있다는 사실을 다 알았겠지. 자신이 그날 뭘 했는지 계속 반추했을 테고 정확히 기억할 것이다. 어느 상황에서든 해명을 해야 했을 테니까.

김완　　　처음에는 집에 있었다고 하다가 통화 기록이 나오니까 그것을 번복하고 그제야 지인인 한학자를 만나서 밥을 먹었다고 얘기했다. 나는 그게 거짓말일 가능성이 상당히 높다고 생각했다. 왜냐하면 처음 검찰 조사 당시 작성한 조서에는 집안일을 하는 아주머니도 있었다는 등 구체적 진술이 나오기 때문이다. 그런데 그 한학자와 통화를 했다고 한, 그 통화 기록이 찍힌 장소가 기지국 기준으로 한학자의 집에서 1.4킬로미터 떨어져 있는 곳이고, 청와대에서는 2킬로미터 떨어진 곳이다. 여기에 놀라운 사실이 하나 더 있다. 소설 같은 또 하나의 가정을 얘기하자면, 김기춘 비서실장의 집에서는 500미터 떨어진 곳이다. 왜 그곳에서 통화를 했을까. 그리고 오후 3시 반에 통화를 했던 장소는 최순실의 집, 우리가 티브이에서 많이 봐온 바로 그 집이다.

　　나는 다음과 같이 가정해보았다. 세월호 참사 당일 정윤회는 청와대에서 2킬로미터, 김기춘의 집에서 500미터 떨어진 곳에 갔다가 굳이 이혼 소송으로 싸우고 있는 최순실의 집으로 돌아와 최소 2시간 이상 머물렀다. 그리고 처음에는 청와대 근처에 가지 않았다고 거짓말을

　　　　　　　　　　　　　　　　아직 알리바이를 확정할 수 없다

했다. 그런 적이 없었다고, 집에 있었다고 하면서. 그렇다면 평창동에서 누구를 만나 무슨 얘기를 나눈 뒤, 그 얘기를 최순실과 상의하러 들른 것이 아니었을까. 그렇게 가설을 한번 세워보고 맞춰본 거지. 만약에 정윤회가 그런 동선으로 움직였다면, 그때 이미 어느 정도 끈이 떨어졌다는 청와대 출신 인사로 횡성에 있었던 그가 왜 하필 세월호 참사 당일 서울로 올라와서 청와대 근처에 갔다가 최순실의 집으로 갔을까. 그 부분을 추적해보았다.

박주민　　　　김기자가 지금 말씀하지 않았지만 한겨레 기사를 보면 대통령은 참사 당일 오전 시간대의 알리바이가 비어 있다. 정윤회의 통화 기록을 보면 정윤회가 대통령을 만나지 않았다고 할 수 있는 시간대는 오후 2시 20분부터 3시 반까지, 그리고 오후 5시 36분부터 8시 32분까지이다. 오후와 저녁 시간이다. 그런데 대통령의 당시 일정을 보면 오전 10시 반부터 오후 2시 11분까지 아무런 지시가 없었다. 정윤회도 그 시간대의 알리바이가 비어 있다. 오후 2시 20분에는 말씀한 대로 청와대와 가깝고 또 김기춘 실장의 집과 가까운 곳에 있었고, 그 이후 거기서 시간을 좀 보낸 후에 하필이면 이혼 소송으로 박 터지게 싸우고 있던 사람의 집에 쉬러 갔다는 것이다. 그 무렵은 정유라의 승마 문제에 온 정신이 쏠려 있던 시기였으니 청와대 근처에서 머물다가 다시 최순실의 집으로 간 것을 봐서는 마치 그 문제를 상의하기 위해 왔다 갔다 한 것이 아닌가, 이렇게 추정된다. 전달자 또는 매개자 역할을 하지 않았을까.

김완　　　　　시간이 딱 맞는다. '와꾸'가 딱 들어맞는다. 아직 알리바이를 확정할 수 없다. 가토 지국장 사건 판결문에 나오는 정윤회의 알리바이를 부정하는 것이 아니다. 정윤회가 박대통령을 만나지 않았다고 특정한 시간은 오후와 저녁 시간이다. 서울 강남에서 발신이 오후 3시 반에 있었고, 5시 넘어 있었다. 물론 이 시간대에 둘은 만나지 않았다. 그리고 그 이후 시간에도 만나지 않았다. 주지하다시피 오후 5시 15분에 박대통령이 중대본을 방문했으니 그 시간대에는 만나지 않았다. 그런데 정윤회가 오전 11시 3분에 개포동에서 전화 통화를 하고, 오후 2시 20분에 최소한 평창동에, 청와대 근처에 있었다는 것인데 그 사이에 뭘 했는지가 나오지 않았다.

　대통령의 타임라인을 보면 오전 10시에 첫 보고를 받고 10시 15분에 첫 지시를 내렸다는데, 첫 지시는 물론 유선상으로 한 것이다. 오전 10시 반에 해경청장에게 전화로 지시한 뒤 오후 2시 11분 국가안보실장에게 전화할 때까지 그 3시간 41분 동안 대통령은 청와대 내 그 누구와도 대면 접촉을 하지 않았다. 청와대 의무실에 근무하던 간호장교가 가글을 갖다 주러 관저에 다녀왔다고 했는데, 그 정도가 유일하게 대통령을 대면했을 가능성이 있는 경우이다. 공식적으로는 아무도 보지 못한 것이다. 대통령도 오전 10시부터 오후 2시경까지의 알리바이는 최소한 확인되지 않은 거지. 이에 대해 청와대는 처음에는 경내에 있었다고 설명했다가, 나중에는 관저에 있었다 했고, 관저에도 집무실이 있으니 집무를 했다는 식으로 말을 계속 바꾸고 있다. 그런데 관저에 있었던 것은 집에 있었다는 말이다.

　　　　　　　　　　　　　　아직 알리바이를 확정할 수 없다

박주민　　　이 지점에서 한 가지 주목할 만한 얘기가 있다. '그것이 알고 싶다' 방송에서는 보도하지 않았다가 이큰별 피디가 이번 대담에 나와 밝힌 내용인데, 2015년과 2016년에도 현 정권의 유력 실세들이 정윤회와 접촉했다는 제보가 있었다고 한다. 아까도 말씀했다시피 2014년 공주 승마 의혹이 제기되면서 정윤회의 이름이 등장했을 때, 정윤회가 뭐라고, 무슨 실세라고 하면서 더 이상 보도가 이루어지지 않았다. 그래서 사실 그 후 언론 취재가 진행되지 않은 측면이 있었는데, 2015, 2016년에도 정권 실세들이 정윤회를 만났다는 제보가 다수 있었다고 한다.

김완　　　나는 정윤회의 알리바이가 이번 게이트 국면에서 중요하다고 본다. 공식 석상에서 사라진 사람이기는 하지만 박근혜 정부 전체에서 보면 결코 그렇지 않다. 이번 게이트가 일어난 뒤 그가 월간 중앙과 한 인터뷰를 보면 "내가 있을 때는 그런 문제가 전혀 없었다"는 말이 나온다(월간중앙 2016.11.18). 그 긴 인터뷰를 관통하는 요지는 '최순실이 맡은 이후부터 이 난리가, 사단이 났다'는 것이다. 자신은 정말 대통령을 사심 없이 모셨으며, 남자로서 보호해주고 싶었다고 말했다. 다 떼어놓고 보더라도 당시에 비공식의 공식적 활동이 보인다.

박주민　　　비공식적으로 책임지고 있었다는 것.

김완　　　그 시기까지는 문제가 없었다. 그 얘기가 상당 부분 사실에 부합할 것이라고 본다. 최순실이 본격적으로 활동을 시작한 때가 2014년 7월 이후이고, 이른바 최순실의 비서실장으로 알려진 장시호가 제주도에 살다가 올라온 것도 그 무렵이다. 이 과정을 감안하면 그 무렵까지는 정윤회의 영향력이 실제로 살아 있었다고 볼 수 있다. 살아 있는 영향력을 가진 사람이 공교롭게도 세월호 참사 당일 청와대 근처에 갔다가 다시 최순실의 집으로 간 것이다. 또 한 가지 중요한 포인트는 만약 최순실의 집에서 두 사람이 만난 것이라면 최순실은 그날 당시 청와대에 있지 않았다는 것이 된다.

박주민　　　결과적으로 그 무렵 정윤회가 어떤 역할을 했는지는 여전히 꺼진 불이 아니라는 말씀이다. 다시 한 번 살펴봐야 한다.

김완　　　그날 정윤회를 보신 분들은 제보해주기 바란다.

박주민　　　김기자가 중요한 포인트를 몇 가지 짚어주었다. 대한승마협회 차원에서 재벌을 상대했던 핵심 통로, 박전무를 조사해야 한다는 것. 그래야 최순실과 정윤회가 당시 어떤 영향을 미쳤으며, 또 박대통령이 재벌과 어떤 관계에 있었는지 명확히 밝혀질 것이다. 검찰 수사에서는 이 부분을 비껴갔지만, 특검은 이를 집중 수사해서 뇌물죄가 성립하는지, 아니면 일방적으로 재벌이 돈을 뜯긴 것인지 규명할 필요가 있다. 이 부분을 잘 정리해서 역시 국회 국정조사특위에, 가능하다면 특검 쪽에도 전달하도록 노력하겠다. 김기자, 끝으로 마무리 말씀

　　　　　　　　　　　　　　　　　아직 알리바이를 확정할 수 없다

부탁한다.

김완   몇 주째 세월호 7시간만 들여다보고 있으니 지치기도 하고 힘들기도 하다. 그래도 그럴 때마다 이 문제를 밝혀내는 것이 이 사태를 둘러싼 정부의 부조리와 모순의 마지막을 확인하는 과정이라고 생각하면서 힘을 내고 있다. 〈한겨레21〉은 이번 주에도 역시 추적에 나서고 있다.

어쩌면 끝내 해명되지 않을지도 모르겠다

: 김완

방귀가 잦아지면 설사를 하기 마련이다. 세월호 7시간을 둘러싼 박근혜 대통령의 해명은 계속 꼬여간다. 한 일이 없지만 할 일은 했다고 설명해야 하고, 일을 하기는 했지만 형사적 책임이 있는 일은 저지르지 않았다고도 설명해야 하니 앞뒤를 맞출 수 없다. 청와대가 내놓은 세월호 참사 당일 대통령의 행적에 대한 공식 설명은 사소한 부분부터 중차대한 부분까지 계속 말이 맞지 않는다.

예컨대 청와대의 해명에 따르면 대통령은 참사 당일 오후 3시 35분부터 20여 분간 올림머리 손질을 했다. 대통령이 3시 55분까지는 꼼짝없이 미용사와 시간을 보냈다고 봐야 한다. 그런데 그사이 관저에서 집무실(관저 안 집무실)로 이동해, 외교안보수석실의 서면보고(3시 42분)를 받고, 사회안전비서관실의 보고(3시 45분)까지 받았다. 머리를 하며 이동하고, 머리를 하는 도중에 서면보고를 받은 셈이다. 정돈되지 않은 상태에선 윤전추 비서조차 잘 만나지 않았다는 대통령인데, 그 서면은 그럼, 누가 전달한 것일까.

대통령의 세월호 7시간은 어쩌면 끝내 해명되지 않을지도 모르겠다. 설령 대통령이 탄핵이 된다고 해도 그럴지 모른다는 회의감이 든다. 존재하지 않는 것을 존재한다고 설명할 수 있는 방법은 없고, 부재했던 것을 실재했다고 해명할 수도 없다는 점에서 그 7시간은 한국 사회가 박근혜 시대를 경유하며 실패한 어떤 것의 총체적 이름이 될지도 모르겠다는 불안감마저 든다. 김영한 전 청와대 민정수석의 업무 수첩을 보면, 대통령 박근혜는 유병언의 시신이 발견된 세월호 참사 98일째 날 '즐겁게 일하라'고 했다. 세월호 참사 100일째 되는 날에는 청와대 직원들을 향해 '휴가, 많이 가라'고 지시했다. 'live and learn(살아가면서 배운다)'이라는 영어 숙어까지 동원된 지시였다. 인간의 얼굴을 한 괴물인지, 괴물이 되어버린 권력인지 그 모두인지 납득하기 어렵다.

마지막까지 세월호 7시간의 진실을 낱낱이 확인하기 위해, 납득 가능한 무엇을 내놓기 위해 애쓰겠다. 한 가지 바람이 있다면 더 이상 대통령이 거짓말을 위한 페이퍼워크paperwork를 하지 않았으면 좋겠다. 카지노 용어로 페이퍼워크는 '속임수를 위한 작업'이다. 이제 아무도 속지 않는다.

아직 알리바이를 확정할 수 없다

보고를 했는데
최고 책임자가
아무런 관심이
없다면

이재명 · 안수찬 · 박주민

이재명 | 성남시장 |

안수찬 | 한겨레21 편집장 |

04

박주민　　　앞서 말했듯이 세월호 참사 당일 7시간 동안 박대통령이 무엇을 하고 있었는가에 대해 우리가 지나친 관심을 갖고 그것이 모든 것을 결정해줄 것처럼 보는 것은 문제가 있을 수 있다. 하지만 정말 안타까운 생명들이 사라져갈 때 대통령이 적절히 대응하지 못했다는 것은 이미 청와대의 해명으로도 확인되었다. 그에 대한 적법한 처벌이 이루어져야 한다. 그래서 부과할 책임의 크기를 좀 더 명확히 하기 위해서라도 7시간 동안 대통령의 행적을 자세히 밝힐 필요가 있다는 점을 다시 한 번 말한다. 요즘 많은 이들이 좋아하는 이재명 성남시장을 모시고 세월호 7시간을 포함한 최근 정국에 대해 말씀을 나눌 것이다.

이재명 안녕하세요. 아, 우리 박주민 의원, 고생한다. 힘들죠?

박주민 별말씀을. 요즘 가장 '핫'한 인물인 이재명 성남시장 나오셨고, 그 옆에 안수찬 〈한겨레21〉 편집장도 자리를 함께했다. 한마디씩 인사 말씀 부탁한다.

이재명 내가 먼저 할까요. 박의원은 여기서 잠을 잔 얼굴이다.

박주민 아닙니다. 요즘 계속되는 일정으로 쉴 틈이 없었다. 국회 로텐더홀에서 철야 농성도 하고 있고, 12월 3일에는 탄핵안을 발의하기 위해 본회의를 새벽 4시까지 해야 했고, 4일 오전에는 강원도 홍천에 다녀왔다.

이재명 오면서 보니까 박의원이 책상에 엎드려 자고 있더라. 고생이 많다. 박의원의 활약 덕분에 지금까지 세월호가 완전히 수장되지 않고 인양의 가능성이 남아 있는 것 같다. 고생했다는 말을 먼저 드리고, 앞으로도 국회 안에서 최선을 다하기 바란다. 나는 박근혜 정부가 저지른 온갖 만행과 무책임, 부패 중에서 최고로 잘못한 것이 세월호 참사라 본다. 그때 당시는 어물쩍 넘어갔을지 몰라도 시국이 이 지경까지 진행된 마당에 이번 기회에 정말로 진실이 명확히 규명되고, 있을 수 없는 행위에 대해 충분한 책임을 꼭 물었으면 좋겠다. 오늘 이 대담도 그런 과정의 일부가 되었으면 한다.

박주민   사실 이시장은 어느 정치인보다 세월호 문제에 대해 가장 적극적으로 발언해왔고, 지금도 지속적인 관심을 기울이고 있는 분이다. 성남시청은 아직까지 세월호 추모 노란색 리본과 관련된 조형물과 깃발 등을 유지하고 있다고 알고 있다. 세월호를 잊지 않고 있다는 증거이다. 많은 이들이, 특히 세월호 가족들이 고마움을 느끼는 정치인이다. 그런 올곧은 자세 때문에 이 시대의 가장 핫한 정치인이 된 것이 아닌가 생각한다. 감사하다. 안수찬 편집장도 한 말씀 부탁한다.

안수찬   〈한겨레21〉 편집장을 맡고 있는 안수찬이다. 두 분과 귀한 자리를 같이할 수 있게 되어 기쁘다.

박주민   좀 판에 박힌 인사말 아닌가.

안수찬   진심을 말하자면 사실 이 자리에 끼고 싶었다. 〈한겨레21〉은 2014년 4월 16일 참사 직후 1년 동안엔 유가족 중심으로 취재를 했었고, 2015년 봄부터는 사실관계를 밝히는 추적 보도를 해오고 있다. 그동안 한국언론상, 민주언론상 같은 굵직한 상도 받았다. 그 뒤로도 지금까지 세월호 7시간과 관련된 대통령의 행적을 계속 추적하고 있다. 다만 그 진실의 총체에 아직 이르지 못했다. 그 이야기를 독자에게 직접 전할 기회라 생각하고 이 자리에 나왔다.

박주민   사실 한겨레만큼 지속적으로 세월호 사건에 대해 관심을 갖는 매체가 없다. 특히 〈한겨레21〉이 그렇다. 자, 그러면 본격적으로 '세월호 7시간' 이야기로 들어가볼 텐데, 사실 많은 이들이 생각만 하다가 엄두를 내지 못했던 일을 이번에 이시장이 실행에 옮겼다. 바로 11월 22일, 세월호 7시간과 관련해 대통령을 검찰에 고발했다. 직무유기와 업무상 과실치사상죄로 박대통령을 처벌해달라고 고발장을 냈다. 많은 국민들이 진짜 해야 할 일을 했다고 생각하고 있다. 더 나아가 이 일을 시민단체가 아니라 유력 정치인이 해내고 있다는 점에 놀라움을 금치 못하고 있다. 이번에 고발하게 된 계기가 무엇인지 듣고 싶다.

• 고발장 제출: 이재명 시장이 2016년 11월 22일 서울중앙지방 검찰정에 낸 고발장의 내용은 다음과 같다. "피고발인(박대통령)은 '관저'에서 국민에게 떳떳하게 밝히지 못할 '다른 일'을 하고 있었고, 이로 인해 사고 상황 파악이 제대로 되지 않았던 것이 아닌가 하는 해석이 가능하다. 현재 피고발인이 2시간 20분 동안 보고만 받고 있었다는 것으로도 형법의 직무유기죄에 해당할 수 있다." "신문 기사에 따르면 여섯 번의 세월호 구조 관련 지시는 모두 '전화 지시'였으며, 오전 10시 30분부터 낮 12시 50분까지 여덟 번 보고 중 일곱 번이 '서면보고'였고 지시조차 없었다. 당시 상황의 긴급성을 고려할 때 '의식적 직무 포기'에 해당할 수 있다." "행정부 수반으로서 대형 재난이 발생할 경우 국민의 생명과 안전을 도모하기 위해 사

고 상황을 실시간 파악하고 지시를 내려야 할 주의의무를 태만히 해 304명의 국민을 사망에 이르게 했다."

국가의 존재 이유가 무엇인가

이재명　　　방금 전에 말했듯이, 나는 세월호 참사가 1980년 5월 광주 시민 학살 사건에 버금가는 사건이라고 본다. 실제로 사건의 진행 양상도 비슷하다. 국가에 의한 고의든, 과실이든, 미필적 고의든 간에 엄청나게 많은 사람들이 국가로부터 보호받지 못한 채 죽어갔고, 그 후 정권은 권력을 유지하기 위해 억울한 피해자를 가해자로 둔갑시켜 국민들로부터 분리한 다음 2차 공격을 가했다. 1980년 당시 전두환 정권이 광주 시민을 폭도라고 몰아세운 것과 비슷하다. 이번 정권도 세월호 피해자들을 '시체 팔이' '돈만 아는 부도덕한 사람' 등 차마 입에 담기 어려운 막말로 매도했다. 그걸 보면서 나는 국가의 존재 이유가 무엇인지에 대해 깊이 생각하게 되었다.

　나는 광주 민주화 항쟁 때문에 인생이 바뀐 사람이다. 그전에는 광주 민주화 항쟁을 광주 사태로 알고 있었고, 폭도들이 국가를 전복하기 위해 폭동을 일으켰다가 그중 일부가 총에 맞아 죽은 사건인 줄 알았다. 폭도라는 이들을 증오했고, 내 입으로 비난도 했다. 박의원도 1980년에 학교를 다녔으면 나와 마찬가지였을 것이다. 정보와 언로가 완전히 봉쇄된 상태에서 다른 지역의 국민들은 정부가 발표하는 대로 믿을 수밖에 없었다. 대학에 들어가 그 실상을 들었을 때 '정말, 이건 아니다' 싶었고 그 후 인생이 바뀌었다. 그 시절 희생된 이들에게 빚진

　　　　　　　　　　　보고를 했는데 최고 책임자가 아무런 관심이 없다면

감정이 남아 있다. 소수 기득권자들이 자신들의 사적 욕망을 채우기 위해 수없이 많은 사람들의 생명을 침해했다. 하나하나가 얼마나 소중한 우주이냐. 어떻게 그 소중한 것을 파괴하고서 떵떵거리며 살 수 있는지…. 나도 그런 자들과 하나도 다를 바 없이 광주 시민들을 비난하고 공격했으니까 얼마나 미안했겠어요. 잊지 않고 있는 거죠.

그리고 정보 왜곡을 통한 2차 공격은 정말 나쁜 짓이다. 세월호 사고 소식이 보도되고 얼마 되지 않아 TV에는 배가 완전히 뒤집어져 간신히 선수만 남아 있는 모습이 나왔다. 그 장면을 어떻게 대통령이 모른 체할 수 있어요. 그 후에도 진상 규명을 방해하고 있다, 철저하게. 그날 상황은 이해할 수 없는 것이 많고, 그 후 드러난 사실을 봐도 정부가 구조와 수습을 방해한 것이 아닌지 하는 의혹이 있거든. 세월호 특조위가 진상 규명을 서두를 때도 정부는 시행령을 빌미 삼아 예산을 통제하고 어떻게든 조사를 막으려 했다는 정황이 곳곳에서 발견된다. 이러한 정부 행태를 보면 세월호 참사는 제2의 5·18이라 할 수 있다. 5·18 피해자들이 당시 고통을 받던 모습이 다시 재현되는 것 같아 마음이 아프다. 이러한 현실을 보더라도 우리가 절대로 잊으면 안 된다. 잊으면 똑같은 일이 또 일어난다.

성남시에서는 지금도 도서관, 구청, 시청 등의 게양대에 새마을기는 다 내리고 세월호 노란 리본기를 달아 놓았다. 시청 벽에는 세월호 관련 현수막이 걸려 있고, 마당에도 수십 미터 되는 세월호 모형이 설치되어 있다. 그리고 나는 끊임없이 세월호 참사를 언급하고 다닌다. 시장이 관할 지역의 업무도 아닌데 왜 나서서 끼어드느냐는 항의 전화도 많고, 실제 시청에 쳐들어오는 이들도 있다. 내가 그런 것, 다 버티죠. 왜냐하면 세월호 참사는 단순한 일회성 사건이 아니라 국가의 근본과 관련된 일이기 때문이다. 국가의 존재의 이유가 무엇인가. 국민의 생명과 안전을 지키는 게 국가의 첫 번째 의무이다. 나는 절대로 대통령을 용서할 수 없다. 그동안 여론의 추이를 보면서 악착같이 기회를 살폈는데 최근에 상황이 호전되어 다행히 고발할 수 있게 되었다.

고발은 사실 참사 초반부터 생각해왔는데, 내가 원래 오버를 많이 하는 사람으로 유명하다 보니, 잘못하다가는 정치적 퍼포먼스 아니냐 하는 소리를 듣게 되면 진상 규명에 오히려 방해가 될까 싶어 때를 살폈다. 정말 처음부터 고발하고 싶었지만, 고발해봤자 검찰이 수사하지 않을 것 같아 미루고 있다가 최근에 기회가 되었다고 판단했다. 이럴 때 논란을 만들어야 한다. 나 나름대로는 기획하고 준비하면서 시점을 맞춘 것인데, 검찰이 수사에 들어갈 것 같아 다행이다.

박주민   사실 특검이 입장을 밝혔다. 대통령의 7시간에 대한 의혹도 수사 대상이 된다고 했다. 최태민을 둘러싼 종교적 논란도 조사하고, 필요하다면 청와대 경호실까지 수사할 수 있다고 했다. 세월호 유가족과 시민들도 특검의 조사를 기대하고 있다. 때마침 이시장이 고발장을 접수했으니 좀 더 구체적인 수사의 근거가 될 것 같다.

보고를 했는데 최고 책임자가 아무런 관심이 없다면

'그냥 내버려두라'
공무원들은 그렇게 알아들었을 것이다

안수찬   돌발 질문 하나 하고 싶다. 참사 당일 방송을 보며 여러 생각을 했다고 말씀했는데, 시장님이 당시에 청와대에 있는 대통령이었다면 어떤 판단을 내렸을까.

박주민   너무 돌발적인 질문이다.

이재명   내가 공무원을 지도해본 사람이잖아요. 나 자신이 성남시 공무원이기도 하고. 성남시에는 2500명의 정규직, 실제로는 4000명이 넘는 공무원들이 있는데, 공무원들은 지휘자의 표정을 보고 움직인다. 지휘자의 태도가 관심 있는 것 같으면 그쪽으로 쫙 몰려가고, 관심 없어 보이면 안 해버린다. 어떤 신호를 알아듣듯 그렇게 행동한다. 왜냐하면 지휘자가 불법적인 지시를 명시적으로 내리는 경우는 거의 없기 때문이다. 보고를 하는데, 지휘자가 보고자의 말을 듣지 않고 고개를 돌리고 있으면 '나는 관심 없으니 다들 신경 쓰지 말라는 말이구나' 하는 신호로 받아들인다. 공무원들은 그렇다.

    성남시에서도 큰 사고가 난 적이 있다. 2014년 10월 판교에서 환풍구가 순식간에 무너지는 바람에 16명이 사망한 사건이 일어났을 때 성남시에 사고 책임을 덮어씌우려 했지만 직접적인 당사자가 아니었다. 하지만 그 많은 사람이 죽었으니 얼마나 심각한 일인가. 나는 그때 도의적인 책임을 다하는 것이 맞다고 생각했다. 57시간 만에 유족들과 합의를 이끌어냈다. 원래 합의가 잘 안 되는 일이거든. 유가족은 장례도 치르지 못하고 상여를 메고 왔다 가다 하는데, 내가 그때 사흘 동안 잠을 자지 않았다. 박주민 의원처럼.

박주민　　　나는 이동 중에 쪽잠을 자기도 하고, 자야 할 것은 다 잔다.

이재명　　　사흘 동안 잠을 자지 않으면서 유가족들을 일일이 다 만났고 57시간 만에 합의했다. 유족들이 편히 장례를 치를 수 있도록 했고, 나중에 고통받는 일이 없도록 피해 보상까지 했다.

박주민　　　내가 듣기로는 추락 사고 부상자 가족들한테 감사패를 받았다고 하는데 그러기는 쉽지 않다. 관리 책임을 물을 수도 있는데.

이재명　　　대통령이 오전 10시에 사건에 대한 서면보고를 받았다고 하는데 그것부터가 말이 되지 않는다. 배가 8시 49분에 기울기 시작했는데 그렇게 늦게 보고가 지연될 수 있는가. 10시에 첫 보고를 받았다고 하더라도 대통령이 관계 장관들을 빨리 호출해서 현황 파악하라고 지시를 내렸으면 빠릿빠릿하게 움직였을 것이다. 그런데 참모들로서는 이 대통령이라는 사람이 어디에 있는지부터 알 수 없었다. 청와대 참모들이 20여 차례 보고를 했다고 하는데 그 진실 여부도 밝혀야 한다.

보고를 했는데 최고 책임자가 아무런 관심이 없다면

그렇게 보고했는데도 대통령이 아무 관심이 없어. 공무원들은 자신이 지휘 책임자가 아닌 이상 움직이지 않는다. 잘못했다가는 자기가 책임을 지는 상황인데. 공무원들은 그렇거든. 꼬투리가 잡힐 것 같으면 안 해버린다. 공무원들의 복지부동, 그걸 우리가 무조건 나쁘다고 욕하면 안 된다. 지휘자는 지휘하라고 월급 받는 게 아닌가. 대책 관련 회의를 빨리 열어서 대책은 뭡니까, 지금 상황이 어떻습니까 하고 관심을 쏟으면 주위에서 빠릿빠릿하게 움직인다. 그런데 최종 책임자인 대통령이 그냥 쳐다보고 있는 거다. 그러니 아무도 책임지려 하지 않았겠지. 근본적인 문제는 최고 지휘자가 무관심하게 사라져버렸다는 것이다. 보고를 했는데 그다음 아무 소식이 없어. 지시를 받는 공무원들로서는 자칫 잘못하면 '그냥 두라'는 신호로 알아들을 수 있는 상황이다.

박주민　　　　고발장에 첨부되어 있는 시간표에도 낮 12시 넘어 대통령이 지시는 했다고 나온다. 그런데 그 지시는 기초연금 상황을 파악하라는 것이었다. 그러니 참모들의 입장에서는 자기들이 세월호 관련 보고를 했는데, 거기에 대한 지시가 나오는 게 아니라 기초연금 대책에 대한 지시가 나오니까, 세월호 문제는 대충 두고 보라는 것으로 이해할 여지가 생겼다는 말씀.

이재명　　　　오히려 반대로 알아들었을 확률이 높다. '그냥 내버려 두라' 그렇게 알아들었을 것이다. 공무원은 그렇다.

안수찬　　　공무원들은 인사권자의 관심에 따라 움직인다는 이 시장의 말씀은 정확한 인식이다. 참고로 12월 5일자 발행되는 〈한겨레21〉 최근호에는 세월호 참사 당일 청와대에서 시간대별로 보고와 지시가 이루어진 상황을 표로 만들어 실었다(이 책의 170쪽 참조). 붉은색으로 표시된 대목이 대통령이 아무런 지시 사항도 내리지 않은 시간대이다. 오전 8시 49분에 배가 기울기 시작하고 10시 반에 완전히 전복되는데 10시 15분이 되어서야 대통령이 첫 지시를 내렸다. 그리고 오전 10시 30분부터 오후 2시 11분까지 아무런 지시도 내리지 않았다.

　이번에 추가로 확인된 것인데, 오전 11시 23분에 대통령이 처음으로 전화로, 승객들이 다 구조되지 않은 상태로 세월호가 가라앉았다는 내용의 보고를 받았다. 아직 315명이 갇혀 있는 채로 배가 가라앉았다는 내용을 전화로 들은 것이다. 그전까지 서면보고만 받았다고 한다면, 천만번 양보해서, 그래서는 안 되는 일이지만 종이에 적힌 보고를 제대로 보지 않고 제쳐두었다거나 늦게 보았다거나 했을 수도 있겠지만, 이렇게 전화로 직접 보고까지 받고 나서도 아무런 지시가 없었다는 것을 어떻게 이해해야 하나. 300명 넘는 사람들이 선체에 남아 있는 채로 배가 가라앉았다는 보고를 전화로 직접 들었는데도 아무런 지시를 내리지 않았다니.

　그리고 말씀한 것처럼 고용복지수석에게 기초연금 관련 상황을 챙기라는 전화 통화를 낮 12시 50분에 따로 했다. 이 시간대에 대통령이 내린 유일한 지시가, 지금 밝혀진 바에 따르면, 그것도 점심시간임에도 불구하고, 기초연금 상황을 챙기라는 내용이었다. 그 내용이 정말

　　　　　　　　　보고를 했는데 최고 책임자가 아무런 관심이 없다면

기초연금과 관련된 것이었는지는 우리가 좀 더 확인하고 있다. 아무튼 이러한 상황 전개가, 시장님의 말씀대로, 해경은 둘째 치고라도 청와대 있는 모든 이들, 모든 참모진에게 '세월호는 챙기지 않아도 되는구나' 이러한 메시지를 준 것으로 볼 수 있다.

> • 300여 명 선체 잔류 사실, 전화로 들었다: "2014년 10월 28일 김기춘 당시 대통령비서실장은 국회 국정감사에 제출한 답변서에서 "'미구조된 인원들은 실종 또는 선체 잔류 가능성이 높다'는 사실을 박근혜 대통령에게 보고한 시점에 대해 국가안보실을 통해 확인한 결과 11시 23분이라는 보고를 받았다"고 밝혔다. 국회 답변서와 청와대의 2016년 해명을 종합하자면, 박대통령은 참사 당일 오전 11시 23분에 이미 '미구조 인원들이 실종 또는 선체 잔류 가능성 높다'는 내용의 보고를 전화로 직접 들은 것이다(한겨레21 2016.12.05).

이재명　　　이건 '관심이 없구나' 하는 수준이 아니다. 보고를 했는데도 지휘자가 가만히 있고, 게다가 딴 얘기까지 하면 아랫사람들은 그것을 어떻게 받아들일 것 같은가. '하지 말라는 말이구나' 그렇게 해석한다. 공무원들은 눈치로 먹고사는 사람들인데. 책임자가 나쁜 지시를 내리려면, 그것은 암묵적으로 하거든. 증거가 남기 때문에. 아랫사람이 보고를 하는데 그 앞에서 인상을 확 써버린다든지, 문건을 집어던진다든지, 아무 대답도 하지 않으면서 못 들을 척 딴 짓을 하면 '아,

하지 말라는 뜻이구나' 그렇게 받아들인다.

나는 일부러 그렇게 한 측면도 없지 않은가 의심스럽다. 특히 전화 보고까지 받았으면서 지시를 내리지 않은 걸 보면 그럴 가능성이 크다고 본다. 나중에 중대본에 나타나서도 엉뚱한 소리를 했거든. 그때 지시하는 내용을 보면 그냥 '잘하라' 이런 정도이다. 잘하라는 지시가 무슨 의미가 있어요.

박주민 시장님이 경험해본 바에 의하면 공무원들은 지휘자의 잘하라는 지시를 어떤 의미로 받아들이는가.

이재명 그냥 신경 쓰지 않아도 된다는 뜻.

박주민 나는 해야 할 말이니까 그렇게 말하는 것이고, 그럼으로써 면피하고.

이재명 그냥 하나 마나 한 소리를 한 거지. 이를테면 '빨리 보고하라'고 지시를 내리면 주위에서 지휘자의 표정이나 태도를 보고 아는 거지. '큰일 났구나' 하고. 그런데 그게 아니라, 보고했는데 지휘자가 아무 대답도 하지 않고 엉뚱한 소리를 하면, '아, 이건 그냥 관심을 갖지 말라는 소리구나' 그렇게 알아듣는 것이 정상이지.

안수찬 방금 말씀한 '엉뚱한 소리'라는 것의 내용이 이렇다. 오전 8시 49분에 배가 기울기 시작한 지 1시간 41분이 지난 10시 반에 해경청장에게 전화해 '인원 구조에 최선을 다하라'라는 지시를 내린다. 이는 선생님이 학생들에게 '수능이 얼마 안 남았으니까 열심히 공부해라'라고 말하는 것과 다를 바 없다. 그 후 한 번도 지시를 내리지 않다가 오후 2시 11분 국가안보실장에게 전화해서 '어디까지 구조했으며 현장 상황이 어떤지 파악해서 보고하라'고 지시한다. 배가 침몰한 지 3시간이 훌쩍 넘었을 때다.

박주민 오전 10시부터 국가안보실과 청와대 참모진들이 실시간으로 유선 및 서면으로 보고를 했다고 하는데, 고작 대통령이 하는 말이 '최선을 다하라' 정도였고, 10시 반 이후 아무런 지시도 없다가 오후 2시 11분에 지시한 내용이 '파악하라'였다.

안수찬 청와대는 서면보고가 들어갔다고 주장하는데, 서면보고라는 것이 서면을 팩스로 보냈다는 것인지, 메일로 보냈다는 것인지, 종이를 방문 밑으로 밀어 넣었다는 것인지 특정되지 않았다. 대통령이 그 서면을 봤는지 안 봤는지도 여전히 확인되지 않고 있다. 대통령이 얼마나 중대한 다른 일을 치르고 있었는지는 몰라도, 그게 너무 중하고 급해서 서면보고를 제대로 챙기지 않았고, 나중에는 300여 명이 배 안에 있는 상황에서 침몰했다는 보고를 받고도 아무런 지시를 내리지 않았고, 이후 3시간 가까이 지난 뒤에야 구조 진행 상황을 파악하라는 지시를 내린 것이다.

이재명 　　그 말은 청와대에서 내놓은 해명 자료가 맞다는 걸 전제로 한 설명이다. 그런데 그들의 자료가 거짓일 가능성이 매우 농후하다. 대통령은 보고를 받았다고 하는데 실제로는 아무런 관여도 하지 않고 엉뚱한 짓을 하고 있었을 가능성이 크다. 청와대의 해명 자료라는 것을 보면 들어 있다가 나중에 빠진 내용, 또는 처음에는 없다가 나중에 갑자기 포함된 내용이 있다. 일지에 보고하고 지시했다고 기록되어 있다는 것도, 내가 어디서 보니까, 아예 자료를 뺐거나 내용이 바뀐 것이 있다. 그들은 공문서조차 조작하거나 엉뚱한 곳에 쓸 수 있는 사람들이다. 그런 사람들이 대통령의 운명이 달린 일에 불리한 내용을 제대로 썼을까. 자신들에게 불리할 것 같으면 있는 사실도 뜯어 고치는 판인데.

그 사람에 대해 국민이 확인할 수 있는 객관적 팩트가 하나 있다. 오후 5시 15분에 중대본에 나타나서 엉뚱한 소리를 한 것이다. 온 국민이 하루 종일 참사 소식을 숨죽이며 지켜봤는데, 그 사람만 보지 않았던 것이다. 그 사람이 참사 속보 방송을 보지 않았다는 것을 어떻게 아느냐 하면, 무슨 상상을 하는 것 같은 그의 말을 통해서다. '다 그렇게 구명조끼를 학생들은 입었다고 하는데 그렇게 발견하기가 힘듭니까?' 물에 둥둥 떠다니는 애들을 왜 그렇게 꺼내지 못하느냐는 식이다. 배가 침몰하고 그 안에서 300여 명 학생들이 나오지 못하는 것을 온 국민들이 다 아는 판에, '구명조끼를 입었다는데, 그렇게 발견하기가 어렵습니까'라니. 배와 같이 침몰한 것을 보지 않은 것이다. 보지 않았을 뿐만 아니라 내용도 전혀 모르고 있었던 것이다. 배가 침몰한 다음 학생

보고를 했는데 최고 책임자가 아무런 관심이 없다면

들이 구명조끼를 입고 탈출해서 바다에 둥둥 떠다니고 있다고 생각한 거지. 만화에나 나오는 내용이거든. 보지 않았다는 얘기거든.

이를 보면 참모진들한테 보고도 제대로 받지 않았을 가능성이 높다. 오전에 전화로 지시를 했다는 것도 진위 여부를 다시 따져봐야 한다.

- 오후 5시 15분 중대본을 방문했을 때의 박대통령 발언: "지금 5시가 넘어서 일몰 시간이 가까워오는데 어떻게든지 일몰 전에 생사 확인을 해야 하지 않겠나, 그런 생각입니다. 다 그렇게 구명조끼를, 학생들은 입었다고 하는데 그렇게 발견하기가 힘듭니까? (-갇혀 있기 때문에 구명조끼가 큰 의미가 없는 것 같습니다.) 아, 갇혀 있어서….″

안수찬　　　기자들은 사실관계를 중심에 놓고 생각할 수밖에 없지만, 이시장의 말씀도 일리가 있다. 그런 것을 밝혀내기 위해 특검의 수사가 필요하다. 서면보고와 전화 보고 그리고 지시 사항과 관련해 정확히 어디까지가 사실인지는 대질심문을 해봐야 진실이 밝혀진다. 당연히 이시장의 고발 사안까지 포함해서 특검이 대통령의 7시간에 대해 반드시 조사해야 한다.

박주민　　　문고리 삼인방을 통해 보고가 이루어졌다고 하니까 특검이 이들을 조사하고, 대통령을 대면 조사할 때 '세월호 7시간'도 다루어야 한다.

이재명   그 보고를 문고리 삼인방이 다니면서 했다고 그래요?

박주민   정호성 비서관이 보고했다고 청와대 소속 직원이 얘기했다.

안수찬   대통령에게 보고하는 창구가 처음에는 정호성 비서관이었다. 그 사람이 망설였다고 한다. '이런 일로 대통령에게 보고해도 되겠는가' 하고 고민했다는 것이다. 이시장의 말씀처럼 청와대 관계자의 말이니까 100퍼센트 신뢰할 수는 없다 치더라도, 그 진술에 근거해 보면, 참모진들은 이런 생각을 한 것 같다. '사태가 심상치 않다. 대통령한테 보고는 해야 할 것 같다. 그런데 대통령의 그간 성향을 보았을 때, 이런 일을 보고했다고 역정을 내지는 않을까.' 그런 생각을 하다가 일단 서면으로 보고를 넣어본다. 그런데 딱히 대통령의 반응이 없다. 그러니까 '아, 급박하게 보고하지 않아도 되겠구나. 대면보고 없이 서면보고만 해도 되겠구나' 하고 판단한 것 같다. 그래서 대통령이 중대본에 나타날 때까지 시간이 많이 걸린 것이다.

• 문고리 권력이 대통령 보고를 머뭇거렸다: 전 청와대 관계자는 다음과 같이 증언했다. "점심시간이 지나고 1시 30분부터 상황이 바뀌기 시작했다. 해경 쪽에서 구조자를 중복해 카운터 했다는 보고가 올라왔다. 심상찮다고 판단해 정호성 제1부속실장에게 '박대통령이 중앙재난안전대책본부로 가야 한

다'고 연락했다. 그런데 정부속실장은 '갑작스런 외부 방문 일정을 잡는 걸 꺼리는 대통령의 스타일을 알지 않느냐. 대통령의 방문이 외려 구조 작업에 방해될 수 있지 않겠느냐'고 했다"(한겨레21. 2016.11.21).

이재명　　　문고리 삼인방, 그 사람들이 권력 실세인데 문서를 들고 들락날락하지 않고 체크만 했겠지. 다시 말하지만 서면이든 유선이든 보고가 실제로 대통령에게 전달되었는지는 확인되지 않았다.

'안 그랬으면 싶은 거지, 절대 안 그랬으면 싶은 거지'

안수찬　　　흥미로운 대목이 하나 있다. 청와대 핫라인으로 현장의 해경 지휘부에 전화를 건 사람은 대통령은 당연히 아니고 국가안보실 관계자나 참모진이었을 것이다. 그런데 이들이 당시 그렇게 급박한 상황에서 해경에 전화를 100여 차례나 했다. 3분 간격으로 전화를 했다. 그중 상당수는 현장을 찍은 영상을 찾아서 보내라는 요구였다. 우리가 1여 년 전 본격적인 탐사 보도를 시작할 당시 가장 궁금했던 점이 그 부분이었다. 해경은 구조에 실패했다. 그 이유는 해경 지휘부가 역할을 제대로 못 했기 때문이다. 해경 지휘부가 제 역할을 못 한 데에는 청와대가 3분 간격으로 전화하고 닦달해서 혼선을 일으킨 탓도 크다. 도대체 청와대는 왜 그랬을까, 왜 해경에게 줄기차게 현장 영상을 요구했을까. 그것이 의문이었다.

1년 전에는 풀리지 않던 의문인데 이제 와서 퍼즐을 맞춰보면 대통령이 본관 집무실이 아니라 관저에 있었기 때문이라고 볼 수 있다. 다음과 같이 추정할 수 있다. 침대에 누워 있든, 차를 마시고 있든, 누군가를 만나고 있든 간에 참모들로서는 보고서를 들이밀어 대통령의 반응을 얻기 위해서는 일목요연하게 상황을 정리해서 보고할 필요가 있었을 것이다. 상황을 입증할 영상이나 사진이 필요해서 참사 현장의 지휘 간부들에게 계속 요구했던 것이다.

이러한 상황을 초래한 대통령의 죄를 뭐라고 이름 붙여야 할지 모르겠다. 살인인가, 과실치사인가, 미필적 고의인가. 대통령이 관저에 있었다는데, 말이 좋아 관저이지, 집에 있었다는 말이다. 재택근무를 할 수도 있지 않느냐고 천만번 양보하더라도, 집에 있으면서 과연 제대로 근무했는가 하면 그것도 아닌 것 같다.

박주민　　해경 123정장이 업무상 과실치사상 혐의로 1심에서 4년형을 선고받았다가 2015년 7월 항고심에서 형이 3년형으로 줄어든 것도 그런 이유에서이다. 재판부가 감형 이유로 든 사유는 당시 지휘부에서 계속 쓸데없는 지시가 내려와서 구조에 집중할 수 있는 상황이 아니었고, 그래서 구조에 방해받은 부분만큼은 그 사람의 책임이 아니니 그 부분을 덜어내자는 것이었다. 그러면서 책임을 덜어낸 만큼 상황에 혼선을 일으킨 지휘부가 책임져야 한다는 내용을 판결문에도 명시했고, 2015년 11월 대법원 판결로 확정되었다. 적어도 구조에 혼선을 일으킨 장본인으로서 청와대도 책임을 져야 한다.

이재명　　　　구조 상황 자체만 보더라도 문제가 있지만 통영함 납품

비리로 구속 기소되었다가 2016년 9월 무죄 확정판결을 받은 해군참

모총장의 경우를 보자. 그분이 세월호 구조를 위해 통영함을 출동시키

라고 두 번 지시했는데 누가 막았다는 것 아니에요. 참모총장이 두 번

지시한다는 것은 있을 수 없는 일이다. 지시를 따르지 않으면 명령 불

복종으로 구속되는 상황이고, 전쟁 때는 즉결 처형될 사안인데, 그것

을 참모들이 스스로 어겼다는 것은 말이 되지 않는다. 누가 참모총장

을 제지했는지에 대해 밝히지 않고 있다. 나중에 윗선들은 그렇게 변

명을 했다. 승무원들이 훈련이 되어 있지 않고 장비를 보완하지 않아

서 그랬다고. 통영함은 이미 진수식을 한 배인데 구조를 하지 않을 이

유가 없다. 승무원들이 훈련이 되어 있지 않다는 말도 그래. 화재가 났

을 때 소방관들이 불 끄는 연습이 충분히 되어 있지 않으면 출동하지

않는가요. 그 핑계를 된 거지. 충분히 준비되어 있지 않았다는 뻔한 거

짓말을 한 것은 다른 이유가 있기 때문이다.

　　또 우리 공해상에서 훈련을 하던 미 해군 본험 리처드함이 구조를

위해 출동하겠다는데 돌려보내지 않았어요? 3000명 넘는 미 해병대

가 타고 있던 이 함정은 웬만한 대형병원을 능가하는 규모를 가진 4만

톤급이었는데 돌려보냈다. 정부는 당시 필요 없어서 돌려보냈다고 했

다. 실제로 구조 인력이나 구조 장비가 충분치 않았다고 하는데, 충분

하다고 하면서 구조 헬기 두 대가 오는 것을 돌려보내고 배도 돌려보

냈다. 나중에 실효성이 있었는지 모르지만, 민간 잠수사들을 괴롭혀

바닷속에 들어가지 못하게 했으면서, 계속 거짓말을 하잖아요. 왜 거

짓말을 하겠어요. 어떻게 보면 구조 수습을 막은 것이라 볼 여지가 있다. 그 이유는 우리도 모른다. 구조에 최선을 다해야 했지 않나.

안수찬　　방금 말씀한 대목에 대해서도 계속 취재 중이다. 당시 해경 간부들의 진술들을 종합해서 추론해보면, 그것도 해경 쪽에 유리한 쪽으로 참작해주자면, 해경은 지휘 계통을 일원화하려고 애썼다. 통제되지 않거나 말을 듣지 않는 쪽은 구조 현장에서 나가라고 했고, 어선이나 민간 구조선 같은 다른 배는 필요 없고 자신들이 알아서 하겠다고 한 것이다. 물론 긴급 상황에서는 일원화가 필요하다. 그런데 중요한 것은 긴급 상황에서 이 지휘 계통 일원화가 해경이 아니라 대통령 밑으로 필요하다는 것이다. 대통령이 자신의 통솔하에 지휘를 일원화했으면 주한 미군 포함해서 해경과 해군, 민간 등에게 적절히 일을 분담할 수 있었을 것이다. 이렇게 지휘 계통 일원화가 처음부터 이루어졌다면 해경이 일원화를 빙자해서 상당한 구조 인력을 처음부터 내치거나 또는 지휘 계통을 혼자 붙잡고서 우왕좌왕하는 일은 없었겠지. 그래서 다시 청와대가 문제가 된다.

이재명　　당시 김장수 국가안보실장이 '청와대는 컨트롤 타워가 아니다'라고 말했는데 국민들로서는 도무지 이해할 수 없는 말이었다. 청와대가 지휘 책임이 없다니. 그 얘기를 했던 이유는 자신들이 컨트롤 타워라고 하면 책임을 면할 수 없을 테니 우선 피하려고 했던 것이다. 세월호 참사에 대해서는 이해할 수 없는 거짓말이 너무 많다. 범죄

수사와 관련된 유명한 격언이 여기에도 적용된다. 증거를 숨기려는 자가 범인이다. 진실을 덮으려 하는 자가 범인이다. 진짜 맞는 말이다.

박주민　　　　세월호 7시간의 진상 규명과 약간 떨어져 있는 이야기이지만, 시장님 나온 김에 한 가지 묻고 싶다. JTBC에서 국정원이 작성했다고 추정되는 문건을 공개한 적이 있다. 그 문건을 보면 보수 단체와 보수 언론을 동원해 반대 여론을 일으킬 필요가 있다는 문구가 적시되어 나온다. 김영한 전 민정수석의 비망록에는 김기춘 비서실장의 말로 추정되는 '세월호 특별법이 국란을 일으킬 것이다'라는 표현이 등장한다. 어떻게 보는가. 엄청난 참사가 터졌고, 사실 이 참사는 기존에 있던 모든 모순들이 응축되어 터진 것인데, 참사를 계기로 이후 다른 사회를 만들어야 한다고 온 국민이 염원하고 있을 때, 국정원에서는 오히려 그것을 덮기 위해 보수 단체와 보수 언론을 적극적으로 활용해야 한다는 내용의 문건을 보고하고, 비서실장이라는 자는 특별법을 만들면 국란이 일어날 것이라는 표현을 썼다는 것인가.

이재명　　　　국란이 일어날 것이라는 말에는 동감한다. 의도가 달라서 그렇지. 국정원 말이 나와서 하는 말인데, 청와대의 태도도 이상하지만 이 배를 둘러싼 소유관계도 이상하지 않아요? 우리나라에서 해난 사고가 일어나면, 다른 배는 주인한테 보고하거나 해경한테 보고하는데, 이 배만 국정원에 보고하도록 내부 규정이 되어 있었다. 국정원이 이 배를 실질적으로 관리했다는 말이다. 화장실의 휴지가 어쩌고 선원들의 수당이 어쩌고 하는 얘기. 자기들은 아니라고 오리발을 내미는데 규정이 그렇게 되어 있었다. 좀 이상하다. 실제로 제일 먼저 사고 사실이 국정원에 보고되었다. 국무총리가 국회 긴급 현안 질문에서 우연히 그 사실을 자백하지 않았나. 이를 보면 배의 소유관계가 좀 이상하다.

또 한 가지 이런 일도 있었다. 나는 뚜렷이 기억나는데, 검찰이 세월호의 형식적, 명목적 소유자인 청해진해운과 구원파 쪽을 압박하니까, 구원파가 자신들의 본부 정문에 플래카드를 내걸었다. '김기춘 실장, 갈 때까지 가보자' '우리가 남이가'라는 글이었다. 그게 무슨 소리예요.

그리고 김기춘 실장이 특별법이 제정되면 나라에 난이 일어난다는 말을 했다는 추정인데, 그건 사실이 있는 그대로 밝혀지면 큰일 난다는 뜻이잖나. 정상적 일을 했으면 난리가 나지 않겠지. 그들이 난리 날 짓을 했다는 증거죠. 언론 보도에서는, 세월호 구조 및 인양 예산을 편성하지 못하도록 작업을 했다는 얘기도 나왔다. 이러한 행동들을 보면 다 이상하다. 종교 단체가 개입되어 있다는 점에서는 이번 최순실 게이트와 비슷한 데가 있다.

- 국정원과 세월호: 정홍원 당시 국무총리는 국회 세월호 참사 긴급 현안 질문에서 "전화에 의해서 (국정원이) 사고 보고를 받았다고 되어 있고, 그 보고는 세월호에서 선원이 보고한 것으로 들었다"고 밝혔다(2014.05.20). 세월호의 운항관리규정의 '해양사고 보고 계통도'에 따르면 사고가 날 경우 세월호

는 먼저 국정원 제주지부와 인천지부에 보고하도록 되어 있었다.

박주민 　유병언이 최태민의 구국여성봉사단에 참여했다는 일각의 주장이 언론에도 나왔지만 확인되지 않았다(주간경향 2014.05.20).

이재명 　세월호 참사와 관련해서는 정말 이상하지 않은 게 하나도 없다. 모든 면에서 그렇다. 그렇더라도 내가 보기에 대통령은 업무상 과실치사와 직무유기를 면하기 어렵다. 공무원으로서 성실의무를 다하지 못해 구조할 수 있는 사람들을 구하지 못했으니까. 최소의 경우가 그렇다는 것이고, 최대치로는 고의적 살인의 가능성도 따져봐야 한다고 본다. 그다음에 고려할 것이 미필적 고의인데 그 정도는 충분히 갈 수 있을 것 같다. 앞서 말한 이상한 의혹을 다 모으고 추정을 최대한 넓히면 뭔가 고의성을 발견할 수 있을 것이다.

박주민 　최근에 정두언 전 의원이 청와대가 대통령의 7시간을 밝히지 못하는 것은 '이유를 대면 폭동이 일어날 것 같기 때문'이라고 말했다(BBS 2016.11.28).

안수찬 　기자로서 그리고 개인적으로도 고의 침몰설에 대해서는 일단 부정적으로 생각하고 있다. 그 가설을 입증할 만한 사실관계가 충분치 않다는 점에 더해서, 만에 하나 그것이 사실이라면, 나라가 고의로 침몰시켰다면, 아, 그걸 도대체 어떻게 받아들일 수 있겠는가. 그것이 나라이겠는가.

이재명　　　안 그랬으면 싶은 거지. 절대 안 그랬으면 싶은 거지.

안수찬　　　아직 확인되지 않아서 기사로 쓰지 못한 게 하나 있다. 국정원이 세월호 참사와 관련해 계속 등장한다. 왜 그런지는 밝혀지지 않았지만 추론해볼 수 있다. 이것은 내 개인적인 의견이다. 주장이고 추론이다. 서해와 제주도, 중국 일대를 왔다 갔다 하는 이 해상 루트가, 중국인을 가장한 탈북자 혹은 북한 간첩, 이러한 라인들과 관련 있을 수 있다. 그리고 국정원이 그 배를 타고 드나드는 사람들을 감시하거나 추적하기 위해, 세월호 쪽과 모종의 특수 관계를 맺었던 것이 아닌지 추론할 수 있다. 하나의 추정이지만, 국정원 입장에서는 세월호가 이른바 대북, 대간첩 작전에 필요한 어떤 역할을 했을 수도 있다고 생각한다. 다만 그 고리는 아직 밝혀지지 않았다.

　또 한 가지, 이것과는 별개로 여론 조작 문제를 말하고 싶다. 시간을 3, 4년 뒤로 거슬러 올라가보면, 2012년 12월 대선에서 박근혜 후보가 대통령으로 당선된 데에는, 나중에 다 밝혀지지만, 국정원의 댓글 공작에 의한 여론 형성이 사실상 큰 영향을 끼쳤다. 결정적인 역할을 했다. 그 덕택에 박근혜 후보가 당선되었다고 해도 과언이 아니다. 그 직후 검찰이 수사를 시작했을 때 당시 정치권 상층부에서는 두 가지 작업을 했는데, 하나는 검찰 수사가 시작되자마자, 통합진보당 사건을 터뜨렸다. 그렇게 여론을 대북 문제로 환기한 다음에, 그것도 여의치 않으니까, 역시 우리가 잘 알고 있고 기억하고 있다시피, 검찰 수사의 지휘를 맡은 검찰총장에게 혼외자식이 있다는 내용을 특정 언론에 흘려 대대적으로 보도하게 했다. 그런 와중에 국정원의 대선 개입 사건에 대한 수사가 사실상 중단되어버렸다. 지금까지도 오리무중이고 베일에 가려 있다. 그로부터 얼마 지나지 않아서 세월호 참사가 일어났다. 자, 이제 대통령과 청와대, 국정원은 뭘 궁리했을까. 그들이 가장 잘하는 일 중 하나가 여론 조작하는 것이라면.

박주민　　여론 조작의 선수들이다.

안수찬　　지난 2년 동안 대통령, 청와대, 국정원이 했던 일들은 대부분, 불리한 사안이 생겼을 때 여론을 조작하는 것이었다. 실제로 대선에 개입했고, 검찰 수사를 막는 과정에서 통합진보당 사건을 터트렸다. 그 과정에서 국정원이 청와대와 얼마나 교감했는지를 확정할 수는 없지만, 누구나 상식적으로 추정해볼 수 있다. 그렇게 국정원의 대선 개입 사건이 마무리되었다 싶었는데, 엄청난 참사가 발생했다. 그러면 정보기관은 그동안 해왔던 관성과 관습에 따라 움직일 수밖에 없다. 그것의 핵심은 참사를 기화로 대통령이나 정권에 대해 함부로 비판적으로 이야기하는 사람들을 입단속 시키라는 것, 그것이 첫 번째 오더였을 것이다.

박주민   나도 이상하게 생각하는 것이 침몰 과정이다. 선장과 선원들만 먼저 구조를 하지 않았는가. 그러고 나서 알다시피, 선장이 한 해경의 아파트에서 묵는 일이 생겼고, 아파트의 CCTV 일부는 지워져버렸다. 나도 고의 침몰은 머리에서 억지로 소거하는 경향이 있는데, 그럼에도 불구하고 침몰 과정이나 원인을 살펴보면 너무 이상해서 해명되어야 할 검은 고리가 있는 게 아닌가 하는 의혹이 들 때가 있다.

이재명   내가 보기에도 구조 과정은 어처구니없다. 구조를 하려면 당연히 선미 쪽으로 가서 승객이 나올 수 있는 곳에 배를 대야지, 정반대로 정확히 조타실 쪽에 가서 배를 댔잖아.

안수찬   앞서 말했듯이 지금까지의 해경의 변명은 이러한 상황을 대비한 훈련이 되어 있지 않고 미숙하다는 것이다. 그것이 변명이자 이유이다. 그런데 미숙했다고만 보기에는 너무 어처구니없는 일들이 일어난 거지. 상식적으로 보더라도 이해되지 않는 상황이 벌어졌다. 당시 사고가 났을 때 주변에 있던 어선이 다 몰려들었다. 뭐 하러 몰려들었겠나. 사람들을 구할 생각이었겠지. 어선이, 어민들이 그렇게 큰 여객선이 한꺼번에 갑자기 침몰할 것을 대비해서 훈련을 받은 사람들인가. 그런데 그들이 선장과 선원을 먼저 구했나? 아니다. 학생들을 구하려고 애를 썼다. 상식에 비춰 판단한 것이다. 이에 비해 전문적으로 훈련되어 있는 조직이 상식에 반하는 일을 했다는 것은 거대한 미스터리이다. 지금까지도 해경은 미숙했기 때문이라고, 훈련을 하지 않았기 때문이라고 변명하고 있다.

박주민　　　미숙한 대통령의 밑에 있다 보니 다 같이 미숙해지는 것인가. 여러 의혹들이 아직 많이 남아 있는데 참, 답답하다. 그런데도 보수 언론이 오히려 피해자들을 마치 거액의 보상금을 바라며 터무니없는 정치적 공격을 하는 사람으로 매도했다. 이시장의 말씀대로 5·18 광주 민주화운동의 피해자들과 비슷해졌다.

이재명　　　결국 그런 모습이 되었죠. 세월호 특별법 제정을 주장하며 단식하는 유가족들 앞에서 우익 단체 회원들이 '폭식 투쟁'을 하지 않았나. 어쨌든 현 권력이 국가를 운영하는 자세 자체가 정상이 아니다.

박주민　　　나도 사실 그 부분을 좀 지적해야 한다고 생각한다.

이재명　　　재미있는 얘기를 하나 하자면, 최근 촛불 집회에 100만 명이 넘는 시민들이 참여하고 있다. 그런데 불상사가 하나도 없었다. 만약에 박근혜 지휘부가 그대로 남아 있었으면 어땠을까.

박주민　　　경찰이 시위 군중들을 해산시키려 마구잡이로 대응했을 것이다.

대통령의
7시간 추적자들

이재명   그러다가 경찰은 물대포를 쏘고 구속하고, 사람들은 다치고, 난리가 났을 것이다. 청와대가 더 이상 기능을 하지 않게 되자 나라가 정상이 되었다. 이것은 시사하는 바가 크다.

박주민   청와대가 기능하지 못하니까 오히려 나라가 정상이 되고 있다는 말씀에 동감한다.

이재명   청와대가 지휘부 역할을 하지 않으니까 집회와 시위 문화가 정상으로 돌아갔다. 놀라운 사실 아닌가. 이러한 정부는 없느니만 못하다는 게 증명되지 않았어요?

안수찬   사실 대통령이 당장 그만두더라도 아무런 문제가 없어 보인다.

이재명   차라리 없는 것이 낫다. 탄핵안이 가결되고, 헌법재판소에서 빨리 탄핵을 인용해야 한다. 지금 경찰의 모습을 한번 보라.

박주민   시장님은 초기부터 대통령 퇴진을 요구하는 입장이었고, 이를 일관하게 유지해오고 있다. 빨리 탄핵하라고.

이재명   빨리 끝내버려라. 차라리 없는 게 낫다. 세월호 참사 그날도 차라리 대통령이 부재해서 국무총리가 권한대행을 했든지, 하다

보고를 했는데 최고 책임자가 아무런 관심이 없다면

못해 그 아래 장관이라도 대행했으면 사정이 그보다는 훨씬 나아졌을 것이다.

박주민 　　그런데도 청와대는 엉뚱하게 해경 지휘부에게 계속 현장 사진과 영상을 보내라는 명령을 내렸다.

이재명 　　우리가 지금 웃으면서 얘기하지만, 대통령의 행방을 알 수 없는 그 7시간에 한 나라의 운명을 뒤흔들 전쟁이 일어났으면 어쩔 뻔했어요. 반격할지 협상할지, 진격 루트를 어디로 잡을지 등을 국군 통수권자가 결정해야 한다. 제때 결정을 내리지 못하면 일선 부대들끼리 충돌한다. 만약에 전면전이나 큰 규모의 국지전이 벌어졌으면 어쩔 뻔했어요. 말이 안 되는 소리다. 그때도 서면보고를 했을 것 아니에요.

박주민 　　청와대의 시스템이 제대로 작동하지 않은 것은 세월호 참사 때만이 아니다. 2015년 목함지뢰가 터지는 사고가 일어났을 때 나흘 만에야 대통령에게 대면보고가 이루어졌다. 그러다 보니 목함지뢰가 폭발한 다음 날, 대통령은 비무장지대에 가서 북한에 평화 메시지를 보내는 일이 생겼다. 당시 많은 이들이 의아해했다. 메르스 사태 때도 확진 환자가 발생한 지 엿새 만에 대면보고가 이뤄졌다. 낙타를 의심하라는, 낙타고기를 삶아서 먹으라는 지침이 나오는 동안 정부는 정작 중요한 메르스 환자가 있는 병원에 대한 정보공개를 할지 말지를 두고 우왕좌왕했다. 이러한 일이 박근혜 정부 내내 비일비재했다.

이재명　　　　보다 못해 박원순 서울시장이 메르스 발생 병원 명단과 정보를 공개를 하고 나니까 그때서야 청와대가 전날 자신들이 지시해서 한 일이라고 했다. 거짓말을 밥 먹듯이 한다.

내가 보기에는 그들의 삶 자체가 사익 추구이다

안수찬　　　　세월호 7시간을 집중적으로 추적하는 과정에서 발견한 가장 흥미로운 사실은 그날 대통령이 관저에 있었다는 점이다. 그럼, 대통령은 평소에는 어땠을까. 늘 집에 있는 사람이어서 그날도 집에 있었던 것일까, 아니면 하필 그날따라 집에 있었던 것일까. 합리적인 추론은 전자라고 본다.

　그런데 또 하나 흥미로운 점이 있다. 4월 16일 그날 저녁부터 48시간 동안, 그러니까 이틀 동안 대통령이 또다시 잠적했다.

박주민　　　　참사 당일 저녁 이후 대통령이 48시간 동안 잠적했다고?

안수찬　　　　이후 48시간 동안 특별한 공식 일정이 없었다는 말이다. 4월 16일 오후 5시 15분 중대본에 방문해서 '그렇게 발견하기가 힘듭니까' 물어보고 나서 그 뒤 48시간 동안 대통령이 어떻게 움직였고 무얼 했는지에 대해 한 장의 자료조차 나오지 않고 있다. 대통령이 중대본을 방문하고 돌아온 그날 저녁에 청와대 참모진들은 밤샘 회의를 했다. 그런데 앞으로 어떻게 대처해야 하는지 논의하는 그 자리에 대통령은 없었다. 그리고 그다음 날 아침부터 정부에 부처별로 구조본부들이 마구잡이로 만들어졌다. 수습을 해야 하니까. 그렇게 모든 부처가 움직일 때도 대통령은 공식 일정이 없었다. 메시지도 없고, 지시 사항도 없었다. 어떤 면에서는 참사 당일 7시간 동안 대통령의 행적이 분명치 않은 것보다 이것이 더욱 충격적이다. 많은 사람들이 죽은 걸 알게 되었고, 이제 명확해진 것이다, 명확해진 이후에도….

이재명   참사 다음날 정부는 선내에 공기를 주입한다고 했잖아.

안수찬   중대본을 방문하고 다음날 전남 진도체육관을 방문한 것, 두 일정을 빼고는 대통령이 뭘 했는지 분명치 않다는 것이다. 앞뒤로 계속 이어지는 부처별 대책회의와 여러 참모진들 사이에서 어떤 회의도 주재하지 않았고, 어떤 지시도 내리지 않았다. 대통령의 중대본 방문도 대통령이 부재한 상태에서 김기춘 비서실장이 주재한 자리에서 중대본에 가야 한다, 말아야 한다며 2시간 걸린 회의의 끝에 결정되었다. 관저에 있던 대통령이 그때서야 중대본으로 가기로 결정했다. 다음날 대통령이 진도로 내려갈지 말지를 두고도 밤새 회의가 이루어졌다.

이렇게 이틀 동안 정신없이 돌아가는 와중에 대통령이 집무실에 출근했는지 관저에 그대로 있었는지에 대해서는 현재로서는 전혀 기록이 없다. 세월호 참사 대처를 잘못했다는 여론에 몰린 청와대로서는 궁색하나마 '사고 다음날부터이기는 했지만, 그래도 대통령이 열심히 일했다'는 식의 공식 자료라도 내놓을 만한데, 아직까지 적극적으로 해명한 적이 없다. 각종 언론 보도자료를 보더라도, 대통령은 당일 중 대본을 방문하고 다음날 진도 체육관을 방문한 것 말고는 아무런 지시를 내린 적도, 회의를 주재한 적도 없다.

박주민　　　나라가 아니네.

이재명　　　나라가 없는 상태나 마찬가지지. 정부 부재 상태. 차라리 확실하게 정부가 없으면 대안을 마련할 텐데, 명목상 정부는 있으니 그게 더 큰 문제다. 해외 순방 중에 정상회담을 하는데 선글라스를 쓰지를 않나, 비선이 선물한 가방을 들고 가지를 않나. 이걸 정부라고 보기 어렵다.

안수찬　　　시장님에게 한 가지 궁금한 것이 있다. 사적인 영역에 관한 것인데, 시장님한테도 관사가 있지 않나?

박주민　　　관사는 없어요. 집에서 다닌다.

안수찬　　　어쨌든 시장님도 힘들거나 몸살이 나기나 하면 늦게 출근할 때가 있을 것이다. 어떤 날엔 집에 들어가 좀 쉬고 싶어서 일찍 퇴근할 수도 있지 않나. 그동안 자택에 있으며 출퇴근하지 않은 날이 얼마나 되는가. 지각 출근하거나 조기 퇴근하는 날이 흔했는가.

　　　　　　　　　보고를 했는데 최고 책임자가 아무런 관심이 없다면

박주민   확인해보면 다 나온다. 솔직히 말해달라.

이재명   한나절 정도 집에서 쉴 때도 있고, 주말이 없다 보니, 특별한 일정이 없는 날에 출근하지 않은 적도 있다. 실제로 사무실에 나오지 않으면서 집에서 일한다고 하면 거짓말이다. 전화 정도는 하죠. 긴급한 전화 정도는 한다. 관저는 정부에서 제공하는 거주 공간이다. 즉 집이다. 개인이 머무는 사저와 다를 바 없다. 나는 분당 금호아파트의 개인 사저에서 출퇴근한다. 상관없다, 그 정도의 개인 정보는 공개되어 있다. 나는 개인 집에서 출퇴근하는 것이고, 대통령은 정부에서 제공한 공관에서 출퇴근하는 것이다. 그러니까 사택을 높여서 관저라고 부르는 거지. 사생활을 하는 곳. 그런데 그런 곳에서 일했다고 주장하는 건 말이 되지 않는다.

나는 원래 의심이 많은 사람이어서 그런데, 의심이 많다 보니 과격해질 때도 있다. 공공 영역은 국민의 의심을 받아야 한다. 그것은 국민의 권리다. 다들 대통령이 관저에 있었다고 전제하는데 나는 그조차 의심스럽다. 문서 조작도 수시로 할 수 있고, 대통령 후보 시절에는 대선 공약으로 별별 선심 공약을 남발한 사람들 아닌가. 대한민국에 있는 좋은 정책은 다 베껴서 대선 공약집이라고 발표했다. 주위에서 현실적이지 않다고 공격하니까 '그러니까 내가 대통령을 하려고 하는 것 아니에요' 이렇게 말하던 사람들이다. 그렇게 해놓고 대통령이 된 뒤에 무수히 많은 대선 공약을 간단히 뒤집었다. 기초연금, 증세 없는 복지 등. 도덕관념이 제로이고 준법 의식이 없는 사람들이다.

박주민　　　본인은 '단 한 번도 사익을 추구한 적이 없다'고 하지 않던가.

이재명　　　내가 보기에는 그들의 삶 자체가 사익 추구이다. 18년 동안 사익을 추구한 적 없다고 변명하던데, 나라를 자신들의 목적을 실현하는 수단으로 알고, 권력을 자신들의 고유 권한이라 생각하는 이들에게는 삶 자체가 사익 추구이다. 권력과 나라는 국민을 위해 존재하는 것이라는 생각 자체가 아예 없는 사람들이다. 법도 자기들을 위해 존재하는 줄 안다. 모두 아버지에게서 배운 것이다. 이 사람은 존재 자체가 그렇다. 사람들은 현 정부에서 발표하는 내용을 기본적으로 믿지 않는다. 온 국민이 지켜보고 있는데도 공식 문서 내용을 자기들 유리한 쪽으로 바꾸는 판이다. 과연 그 시간에 뭘 했을까. 온 국민이 추측한다. 설, 많죠. 무슨 스무고개 하고 있어. 굿판을 벌이지 않았다고 하면 제사는 지냈나. 나중에 밝혀지면 굿과 제사는 다르다고 말할 텐가. 이번에 약물 얘기가 나온 이후로는 아무 반응이 없다.

　사실 이 모든 것이 공인의 영역이다. 이미 이 사람은 국가 원수로서 그리고 구조 책임자로서 해야 할 일을 하지 않은, 부작위에 의한 과실 치사를 범했다. 부작위이라는 사실이 범죄다. 공무잖아, 공무. 대한민국 대통령으로서 그 시간대에 가장 중요한 공무는 국민의 생명과 안전을 지키는 것이었다. 당장 수백 명이 배에 갇힌 채 수장되고 있다는 사실을 전화로 보고까지 받았잖아. 보고를 진짜 받았는지 의심스럽기는 하지만, 보고까지 받은 상황에서 대체 뭘 했느냐. 사람들이 청와대에

　　　　　보고를 했는데 최고 책임자가 아무런 관심이 없다면

서 굿판을 벌였다는 등 성형수술을 했다는 등 가정할 때마다 그건 아니다, 그건 아니다라고 반박한다. 뭘 했는지를 명확히 밝히는 것이 아니라, '뭘 하지 않았다'고만 말하고 있다. 뭘 밝히지 않는 것인가.

이유는 뭘까. 세상일이라는 게 뻔한 것 아니에요? 상식이라는 게 있으니 판단해보면 된다. 전 국민에게 엄청난 비난을 받으면서도 밝히지 못한다는 것은, 지금 상상하는 것보다 훨씬 나쁜 상황이 있다는 것이에요. 국민들은 이미 상상하고 있어. 그런데 그것보다 더 좋은 환경이면, 상황이면 당연히 공개하지. 그것이 아니라 이것이다, 하면서. 이 모든 곤란을 감수하면서 계속 사건을 덮는 이유는, 그 말은 뭐냐, 상황이 더 나쁘다는 것 아니겠어요. 이것이 합리적인 추론이지.

그렇다 해도 법률과 정치의 영역에서 판단하면, 그날 그토록 엄중한 상황에서 서면보고나 받으면서 행방과 거처, 구체적인 일정 등을 밝히지 않는 것은 범죄에 해당한다. 그냥 집에 가만히 있었다고 쳐. 아무것도 하지 않고 침대에 가만히 누워 있었다 해도, 그것도 죄다. 그다음에는 뭘 했을까, 대체 무슨 짓을 했을까. 이건 호기심의 영역이다. 잔인한 호기심.

안수찬　　　　추정과 추측이 난무할수록 당사자가 사실을 잡아주어야 사람들의 상상력과 호기심이 확장되지 않는다. 기자들은 배제하는 방식으로 취재할 수밖에 없다. 본관 집무실에 있지 않았다고 하는데, 그럼, 청와대 밖으로 나갔느냐고 물으면, 또 밖에 나간 것은 아니라고 대답한다. 그래서 청와대 쪽의 그런 반박 진술에 기초해 관저에 있었다는 것으로 이해하고 있는 것이다.

이재명　　　뒷산에 있었던 것 아니야. 본인은 관저에 있었다고 말하지 않았죠?

안수찬　　　청와대 참모들이 관저에 있었다고 얘기했다. 이시장의 말씀대로 마지막 순간까지 확인해봐야 한다는 것이 내 생각이다. 분명 세월호 참사에도 불구하고 신경 쓰지 못할 만큼 뭔가 특별한 일이 대통령에게 있었던 것 같다. 다만 그날 침대에서 하루 종일 잠을 잤든, 미용 시술을 받았든 간에 그것은 우리가 보기에 대단히 비정상적인 일이지만, 대통령에게는 매우 일상적이고 또한 중요한 일이었을 수 있다. 세월호 참사 구조보다 더 중요한 어떤 일을 하고 있었을 것이라는 거다. 그렇기 때문에 참모진도 그것을 방해하고 싶지 않았던 것이다. 그래서 대통령이 집무실에 나오지 않아도 상관없고, 보고서가 올라가지 않아도 상관없다고 생각하지 않았을까. 원래 대통령이 늘 치르던 그런 일로 시간을 보내고 있었다면 말이다. 그런 의미에서 대통령에게 있었던 일은 특별한 일이면서 일상적인 일이라고 볼 수 있다. 하지만 그 시간 동안 무엇을 했든 간에 구조를 하지 않았다는 것은 피해나갈 수도, 변명할 수도 없는 범죄 사실이다.

이재명　　　박의원도 변호사 활동을 하면서 증인들을 심문해보았을 테니 알 것이다. '아니다' 하는 사람이 있고, '기억이 안 난다' '기억이 없다' 하는 사람도 있고, '내가 아는 바로는' 이렇게 말하는 사람도 있어요. 다 말이 틀리거든. 방어 본능이 작용하는 말이다. 김기춘 전 비서실장이 자주 쓰는 말이 있다. '내가 아는 바로는' '그렇게 알고 있습니다' 이렇게 말한다. '그것이다' '아니다' 이렇게 말하지 않는다. '그렇게 알고 있다'라고 얘기한다. 그렇게 말해야 나중에 면피할 수 있을 테니까. 특히 법률가에게 이 방어 본능은 더욱 크게 작용한다.

나는 대통령이 관저에 있었다는 얘기를 누가 공식적으로 밝힌 것을 들어보지 못했다. '알아보니 그렇다' 정도로 말했을 뿐이다. 지금까지 나온 얘기는 대통령이 본관 집무실에 있었는지 없었는지에 대해 확정하지 않았다. 사실 없었던 것이다. '내가 아는 바로는.' 김기춘 실장은 '눈 뜨면 출근이고, 눈 감으면 퇴근' 이렇게 얘기했는데, 관저에 있었다는 말을 명시적으로 하지는 않았다, 내가 알기로는.

관저에 없었을 가능성도 있다. 제3의 장소에 있었기 때문에 그래서 참모진 모두 보지 못한 것일 수도 있다. 대면보고를 하려 해도 할 수 없었다. 사람이 수백 명이 죽는 상황이 되면, 아무리 개판 5분 전이라 하더라도, 그 정도는 한다. 누구도 대통령이 관저에 있었다고 명시적으로 말하지 않았다. 왜냐하면 관저에 있었다고 말하면 거짓말이 될 가능성이 있기 때문에 누구도 공개적으로 그렇게 말하지 않는 것이다. 관저에 있었다고? 나는 대통령이 제3의 장소에 있었을 가능성이 더 크다고 자꾸 의심하는 사람이다.

• 대통령의 집무실: 김기춘 전 대통령비서실장은 2014년 10월

28일 국회 국정감사에서 다음과 같이 말했다. "(박근혜) 대통령께서는 아침에 일어나시면 그것이 출근이고, 주무시면 퇴근이라고 생각합니다. 하루 종일 근무하고 계십니다" "어디서나 보고를 받으시고 지시를 할 수 있는 시스템이 갖춰져 있습니다. 대통령 계시는 곳이 바로 대통령 집무실입니다. (대통령이) 아침에 일어나셔서 주무실 때까지가 근무시간이고, 어디에 계시든지 간에 집무를 하고 계시고 관저도 집무실의 일부인 것이 틀림없습니다."

안수찬　　이시장처럼 의심을 하는 분이 있어야 기자들이 더 파악하려고 뛰어드는 게 사실이다. 참사 당일 대통령이 청와대 경내 밖으로 빠져나간 출입 기록이 아직 없다. 밖으로 나갔다는 기록이 어딘가에 있을 수도 있지만 아직은 발견되지 않았다. 그다음, 복수의 청와대 참모진들이 대통령이 본관 집무실에 출근하지 않았다고 했다. 그럼, 어디에 있었느냐 물었더니, 복수의 참모진들이 관저에 (평소에) 있었다라고 했다. 이 세 가지 사실을 참이라고 보고, 물론 각각의 사실이 얼마나 믿을 만한지는 따져봐야 하겠지만, 신뢰성이 있다고 보는 것이다. 자, 이제 남은 문제는, 그렇다면 그날 대통령은 관저에서 무얼 했는가이다. 그것을 물었더니, 그것은 잘 모르겠다는 식으로 참모진들이 이야기하고 있다. 나는 이 정도까지는 얼추 사실에 가깝다고 본다. 하지만 이시장의 말씀대로 의혹을 끝까지 밝히는 데까지 가봐야 진실이 드러나겠지.

　　　　　　　　　보고를 했는데 최고 책임자가 아무런 관심이 없다면

이재명　　　보세요. 굿판은 벌이지 않았다고 말했단 말이야. 클린턴 대통령이 르윈스키 스캔들이 일어났을 때 써먹은 화법이 있다. 르윈스키와의 관계는 거짓말이 아니라고 하면서도 이때 집무실에는 없었다고 하지 관저에 있었다고는 말하지 않았다. 청와대가 좁은 단칸방이 아니다. 여러 비밀 공간들이 쫙 깔려 있지 않나. 지하 벙커도 있고, 정말로 있는지도 모르는 공간도 있을 것이다. 거기서 제사를 지냈는지도 모르지. 지금까지 청와대가 말을 빙빙 돌리는 걸 봐서는 본관 집무실에 없었던 건 확실하고, 참모들이 관저에 있었다고 얘기해도 공식적으로 확인해주지 않는 것을 보면 그것도 아닐 가능성이 있다.

안수찬　　　시장님이 보기에는 특검이 바로 그 대목을 심문하고 수사해서 진실을 드러낼 수 있을 것 같은가?

이재명　　　나는 청와대의 구조에 대해 구체적으로 알지는 못한다. 그런데 일개 시장의 비서실만 봐도 관련 인원이 열다섯 명이나 되거든. 운전기사, 방어요원, 경비요원 등. 아무리 허접한 시장이라 해도 경호를 해야 할 테니 실시간으로 동선을 체크한다. 그렇다면 청와대에서는 대통령의 동선과 일정에 관해 알 수 있는 관계자가 얼마나 되겠는가. 통신보안팀, 경호팀, 시설 관리하는 경비팀, 일정 관리팀, 뭐, 하다못해 트레이너까지 못해도 수십 명에 이를 것이다. 대통령의 일정을 확인할 수 있는 사람들, 그들의 입을 다 막지는 못한다. 아직 권력이 있어서 그렇지 특검이 마음먹고 뒤지면 뭔가 나올 것이다. 동선이야 금

방 나온다. 압수 수색하고 통신 기록을 확인하고 경호·경비 기록을 보면 다 나온다. 청와대 경내 어느 곳에 있었는지도 알 수 있다.

김기춘의 어법 있잖아요. '청와대 안에, 경내에 있었던 것으로 압니다' 이렇게 말했거든. '경내에 있던 것은 분명하다' 이렇게 말하지는 않았다. 경내에 있었던 것으로 안다는 말은 모른다는 말이지.

안수찬 　　김기춘이나 우병우처럼 검찰 수사를 직접 지휘해봤던 이들은 교묘히 마지막 순간까지 자신들의 책임을 피하려 할 것이다. 하지만 이시장이 정확히 지적한 것처럼 청와대에는 하위직을 포함해 많은 공무원들이 있다. 대통령이 속 시원히 말하면 될 텐데 그러지 않는 바람에 기자들이 달려들고 국정조사에 특검까지 하게 생겼으니 사회적 자원이 소모되고 있다. 지금 봐서는 세월호 당일 미필적 고의의 살인 혐의가 짙은데, 이를 수사하려면 국회나 특검이 '그 사람은 더 이상 대통령이 아니다'라는 시그널을 청와대의 하위직 공무원들에게 보낼 필요가 있다. 그런 메시지를 주어서 '더 이상 대통령에게 충성할 필요가 없고 오히려 국가 이익을 위해 내가 진실을 말해야겠다'라는 마음이 들게 해야 한다. 그렇게 공무원들의 마음속 족쇄를 푸는 과정이 이루어지면 일이 의외로 쉽게 풀릴 수 있다.

**'인간을 뽑아놓은 거지,
그중에서도 욕망이 강한 인간들을 뽑아놓은 거지'**

박주민 　　그래서 탄핵을 하려는 것이다. 대통령이 4월 하야설을

　　　　　　　보고를 했는데 최고 책임자가 아무런 관심이 없다면

피우고 있는데 여기에는 특검 수사를 대통령직을 유지한 채 받겠다는 계산이 깔려 있다. 국회는 하루빨리 탄핵안을 의결해 대통령의 직무를 정지시키고 그 후 특검 수사가 본격적으로 이루어지면, 말씀한 대로 청와대에 관계자들이 그렇게 많은데 그들의 입을 어떻게 다 막을 수 있겠는가.

이재명　　　이 사람들, 말만 그렇게 하지 4월에 그만두지 않는다.

박주민　　　나도 그럴 것 같다.

이재명　　　이 사람들은 약속이 아무런 의미가 없는 이들이다. 법도 아무런 의미가 없는 사람들이다. 국민에게 한 약속을 수차례 어겨온 사람들이 왜 요 약속만 지킬 것이라고 믿는가. 그것도 자신들에게 엄청나게 불리한 치명적인 약속을. 그것은 시간을 벌기 위한 계산일 뿐이다. 시간을 벌어서 그사이에 어떻게든 수습하려는 것이죠. 이 사람들은 지난날 아름다운 기억을 갖고 있다. 아무리 나쁜 짓을 하고, 사람 수백 명을 죽이고, 군사 쿠데타를 하고, 나라를 팔아먹어도 적당히 시간이 지나면 결국 얼굴만 바꾼 채 다시 기득권자로 돌아올 수 있었다. 그렇게 복권되었던 사실을 역사적으로 알고 있다. 이번에도 제3지대를 만들어서, 잘 안 모이니까 미끼가 필요하잖아, 내각제를 도입해 권력을 나눠 먹자고 한 다음 꼴 보기 싫으면 몇 개 떼어내고 변장한 모습으로 다시 복귀하려는 계획이다.

세월을 보내면서 복귀할 수 있는 시간을 벌려는 거지. 상황이 그렇게 전개되면, 사람을 죽여가면서 권력을 탐하는 인간들이 이러한 약속 하나 뒤집는 것은 일도 아니지. 코딱지 떼었다 튕기는 것이나 비슷하지. 이들의 윤리의식이 보통 사람과는 다르다는 것을 우리가 알아야 한다. 윤리, 도덕의식, 준법 의식이 전혀 없다. 그래서 나는 이들이 발표하는 온갖 자료가 거의 거짓말일 가능성이 높다고 본다. 자기들한테 유리하게 바꿔놓은 문서. 사실 나는 세월호 당일 오전 10시에 청와대에서 첫 보고를 했다는 것도 사실이 아닐 가능성이 높다고 본다. 보고 자체도 안 했을 거야.

박주민　　　　청와대는 대통령에게 보고했다는 서면 자체를 제출하라는 요구에 불응하고 있다.

안수찬　　　　실물로 확인된 바는 없다.

이재명　　　　일지만 있다. 참모진들이 실제로 보고도 하지 않고 아무것도 하지 않았는데, 보고도 했고 대통령이 지시도 했다는 증거를 만들려다가 제 발에 자기가 걸려 넘어진 꼴이 아니겠어요. 이제 이것이 심각한 문제를 야기하게 되었다. 차라리 대통령은 끝까지 몰랐다, 늦잠 자서 몰랐다, 그런 대통령을 깨우지 못했다고 했으면 대통령은 책임이 없게 되는데, 보고했다고 말해버렸으니 그때부터 책임이 발생하는 것이다. 이제는 말을 바꿀 수 없게 되었다. 서면보고를 했다고 하

　　　　　　　보고를 했는데 최고 책임자가 아무런 관심이 없다면

다가 그것이 문제가 되니까, 그때부터는 또 전화 보고도 했다고 주장하기 시작한다. 문제가 하나씩 밝혀질 때마다 객관적 사실이라면서 전에는 없던 사항이 하나씩 생겨나. 그런데 왜 처음에는 아무 말도 하지 않다가 나중에 발표하느냐는 거지.

> • 대통령의 위치 몰랐다: 김장수 전 국가안보실장은 국회 국정조사특위 청문회에서 첫 보고서 전달 경위를 설명하며 "세월호 참사 당일 박근혜 대통령의 소재가 파악되지 않아 상황 보고서를 청와대 본관 집무실과 관저에 각각 한 부씩 보냈다"고 밝혔다. 이어 '대통령이 직접 보고서를 받아봤는지 확인을 했느냐'는 질문에는 "모른다"고 답했다 (한겨레 2016.12.14).

안수찬 이시장의 말씀처럼 지금 그런 상황이 벌어지고 있다. 예컨대 처음에는 서면보고를 했다고 하다가 나중에는 전화로도 보고했다고 반박했다. 그러다가 오전 11시 23분에 유선 보고한 사실이 새로 드러나면서, 이번에는 전화로 직접 보고를 했는데, 그럼, 왜 그런 내용을 듣고서 대통령이 아무런 지시도 내리지 않았느냐는 의혹이 또 하나 추가된 것이다.

이재명 나쁜 짓을 한 사람이 거짓말을 해서 증거를 조작하면 그것이 오히려 자신이 나쁜 짓한 사실을 증명하는 증거가 된다. 법정에서 보면 대체로 자기 스스로 증거라는 것을 만들어 자기가 유죄임을 증명하는 경우가 많아요. 다급한 나머지 그러는 거거든. 자신의 시각에서 어떤 증거를 조작했는데, 그것이 결국 자기가 나쁜 짓을 했다는 증거가 된다. 그런 경우가 아주 많다. 워낙 큰 사고를 쳤기 때문에 청와대에서 뭔가 자꾸 짜 맞추다가 제 발에 자기가 걸려 넘어지는 셈이 아닌가. 처음에는 막는 것이 가능했고, 덮으면 끝날 줄 알았겠지. 하지만 이제는 막는 것이 불가능한 상황이 되었다. 하루빨리 진실이 밝혀졌으면 좋겠다.

박주민　　　　지금 탄핵소추안 발의까지는 성공했는데 탄핵안을 의결하려면 국회의원 200명 이상이 찬성해야 한다. 과연 앞으로 12월 9일까지 비박이 확실하게 탄핵 대열에 동참할 것이냐를 두고 많은 국민들이 걱정하고 있다. 나도 사실 그 때문에 홍보단을 만들어서 새누리당 의원들의 지역구를 찾아다니며 유세하듯이 선전하고 있다.

이재명　　　　나는 탄핵소추안이 가결되리라고 본다. 정치적 혼란상이 벌어졌는데, 사실 사정을 들여다보면 현상만 복잡할 뿐이지 원리나 기본은 간단하다. 지금 새누리당 의원들이 탄핵 대열에 과연 몇 명이 동조할지 고민하잖아요. 이걸 자세히 들여다보면, 새누리당 의원들 중 '내가 진짜 잘못했다' '죄를 지었다'고 반성하면서 국민에게 속죄하는 차원에서 탄핵 대열에 동참하려는 이는 없다. 이러한 사람들이 탄핵에 찬성하려는 이유는 단순하다. 한꺼번에 도매급으로 다 죽게 생겼어. 배가 침몰하고 있어요. 이정현 대표는 배가 침몰해도 선장과 함께 죽겠다고 하는데 그건 그 사람 이야기이고. 그 와중에 우리라도 나가서, 침몰하는 배에서 탈출해서 살자는 사람이 생기는 법이다.

그들 입장에서는 국민이 구조함이야. 구조함이 국민들인데, '너, 뭐야, 똑같은 놈이네' 하면서 밀어낼 것 같은 국민들에게 잘 보여야 할 것 아닌가. 한 건 하고 오는 모습을 보여줘야 자신들을 건져주게 생겼거든. 이러한 기대를 갖고 자기 살길을 찾느라고 탄핵안에 찬성하는 사람들이 있다. 그러니 그런 이들에게 빌 필요가 없다고. 냉정하게 얘기해야지 전혀 빌 필요가 없어요. '내가 원래 탄핵에 반대하는 사람인데 박주민 의원이 저렇게까지 부탁하니까 찬성해줘야지' 하고 마음을 바꾸는 그런 사람들이 아니죠.

결국 국민의 의지에 달렸다고 봅니다. 이 배가 확실히 침몰한다고 판단되면 탈출할 것이고, 잘하면 침몰하지 않을 수도 있고, 살길이 생길지도 모르고, 수리해서 살아남을 수 있다고 믿어지는 순간 다시 싹 돌아갈 것이다. 지금 야권에서 혼선을 겪으며 약간 주춤하면 그 사람들은 '우리가 이 배를 고쳐서 살 수 있겠구나' 이러한 생각을 하게 된다. 대통령이 임기 단축 문제를 국회에서 논의하면 따르겠다고 딱 던져놓으니까 약간 우왕좌왕했잖아요. 그 틈새를 보고 배에서 탈출하려는 사람들이 다시 돌아가버렸거든. 그래도 국민들이 '대통령이 그래봤자 우리는 상관없다, 무조건 고!' '만약에 탄핵안이 부결되면 국회로 쳐들어가겠다' 이러한 분위기로 가잖아요. 이것을 믿고 야권이 밀어붙이면 결국 비박 세력이 탈출하리라고 본다.

안수찬　　　　그 대목에 대해 유권자 입장에서 민주당에게 한마디 하고 싶다. 1987년 직선제 개헌 이후에 대통령중심제 국가인 대한민국에서 국회가 이렇게 주역이 되어 두 달여 이상 동안 뉴스와 국민적 관심의 대상이 된 적이 없다. 대통령중심제인 한국에서는 대통령이 뉴스의 출발이었는데, 1987년 개헌 이후 처음으로 한국의 국회가 유능함을 입증해야 할 온전한 책무를 떠안은 상황이 되었다. 제1야당인 민주당이 최선을 다해 국민의 기대에 부응해서 지금 국면에서 유능함을 보여주면 신뢰를 얻을 것이다. 그러나 민주당이 최선을 다하더라도 지금 국면에서 만족스러운 결과를 내지 못하면 국민은 그 능력에 의문을 품을 것이다. 다시 말해 대통령이 무너진 상황에서 국회에 주목하고 기대를 걸어봤는데 결과가 좋지 않으면, 그다음에 오는 것은 단순히 새누리당의 친박과 비박에 대한 비토가 아니라 의회를 구성하고 있는 모든 정당의 실패가 될 것이다.

세월호 참사는 대통령의 실패, 대통령의 무능을 드러내는 가장 상징적인 사건이다. 따라서 다음주 12월 9일로 다가온 탄핵안 의결 과정은, 의회의 유능함을 입증하고, 결과에 따라선 의회 제도의 성공과 실패를 가늠할 시간이라 생각한다. 특정 정당에 대한 지지나 찬반을 떠나서 의회의 유능함을 보여줄 수 있는 절호의 기회라고 본다. 마지막 기회일 수 있다고 생각하고 움직여주기를 바란다.

박주민　　　　의원 생활을 경험해보니 유능함을 보이기에 앞서, 이시장이 말씀한 대로 각오가 먼저 있어야 하겠더라. 내가 저쪽과 싸우겠다는 각오가 선 다음에야 상대방을 이기기 위한 방안이 나온다. 각오가 되어 있지 않은 상태에서 싸울까 말까를 재고 유불리를 따지다 보면 유능함을 발휘할 기회조차 생기지 않는다. 다만 다행인 것은 지금 탄핵이라는 단일한 목표가 설정되어 있고, 이미 화살이 시위를 떠난 뒤이기 때문에 이제는 진짜 어떻게 때리면 되나, 어떻게 한 표라도 더 끌어들일까를 고민하면 된다. 유능함을 발휘할 전제 조건은 마련되었다고 생각한다.

이재명　　　시민사회 진영에서는 표결 전날인 12월 8일부터 국회를 포위하는 집회를 준비하는 것 같던데. 결국 이 나라의 주인은 국민이다. 정치 기득권 세력은 국민들이 심하게 압박하고, 소리치고, 야단치지 않는 한 언제나 자기중심적으로 움직인다. 사실 우리가 예수님과 부처님을 뽑아놓은 게 아니거든. 인간을 뽑아놓은 거지. 그중에서도 욕망이 강한 인간들을 뽑아놓은 거지. 그들에게 권력과 예산을 다 맡겨놓은 상태에서 가만히 지켜보기만 하면서 그냥 내버려두면, 당연히 그들은 자기중심적으로 움직인다. 원리상 당연한 것 아니냐. 머슴한테 새경을 주면서 일을 시켜놓고 아무런 관리나 감독도 하지 않으면 그 돈으로 해외여행이나 다니지 미쳤다고 열심히 일하겠어요. 가을에 수확할 때가 되어 원래는 열 말을 수확해야 하는데 한 말만 가져도 줘도 주인이 좋다고 넘어가면, 머슴이 뭐하려고 열심히 일하겠어요. 한 말만 가져다주고 아홉 말은 먹어버리는 것이지.

박주민   게다가 여론 조작을 통해 자신들은 열심히 일한다고 선전까지 한다.

이재명   그러니 국회의원이 열심히 일하지 않을 수 없게 만들어야 해요. 나는 이번 촛불 집회 과정이 민주주의를 체험하는 시간이라고 본다. 우리를 대신하는, 대행하는 머슴이라는 자들이 어떻게 행동하는가에 따라서 주인으로서 우리는 어떤 자세를 취해야 하는가. 세월호 7시간을 포함한 중요한 시국 현안에 어떻게 대처해야 하는지 한번 경험해보는 시간이다. 몇 차례의 역사적 혼란 끝에 지금이 마지막 건국 과정이 될지도 모른다. 원래 행정부를 출범시키고 국회를 만들어놓았다고 해서 한 나라가 저절로 완성되는 것이 아니다. 옛날에도 하나의 왕조가 자리를 잡는 데 삼대 정도 시간이 걸렸다. 기반을 닦는 시간이 지나야 본격적으로 나라가 제대로 안정을 찾았다. 보통 40, 50년씩 걸린다. 지난해가 광복 70주년이었는데, 그동안 민주공화국이라는 말만 했지 공화국 운운하면 빨갱이로 치부되고, 평등을 외치면 종북 몰이를 당하며 살아오지 않았나.

그런데 이번에는 나라가 제대로 자리를 잡는 계기가 될 수 있을 것 같다. 이번 과정을 피 흘리지 않고 혁명을 이루어낸 영국의 명예혁명에 비유할 수 있다. 내용으로 보면 건국의 마지막 단계를 완수하는 것이었으면 좋겠다. 건국을 완성하는 거죠. 그래서 사회의 불합리한 요소를 일소하고, 이참에 법도, 도덕도, 윤리도 전혀 개의치 않는 기득권 세력을 걷어내는 계기로 삼기를 바란다. 그 문제를 철저히 조사해서 거기에 희생되었던 많은 국민들의 인권을 우선적으로 복원해야 한다. 나는 원래 사형 반대론자인데 전두환과 그 밑에서 일한 주요 인사들, 특히 광주 학살 책임자들은 다 사형시켜야 한다고 본다. 대부분 정치권과 타협해서 감옥을 잠깐 다녀온 다음 큰소리 뻥뻥 치고 살잖아요. 제거했으면 좋겠다고 생각해요. 가슴 아프지만.

안수찬   12월 9일 박주민 의원은 의회에 있을 테고. 시장님은 그날 오후에 어디로 갈 건가요? 내가 시장님을 그동안 광화문의 촛불 현장에서 보아왔는데, 이번에는 시민들이 여의도로 갈 것 같은데.

이재명   국회를 포위하러 가야죠.

안수찬   여의도에 온다는 말씀인가? 알겠다.

박주민   민주당도 부족하나마 건국 혁명, 명예혁명을 완성하는 데 온 힘을 다하려 한다.

이재명   이번 과정에서 정치가 과연 어떤 것이어야 하는가, 정치인은 어떻게 행동해야 하는가의 전범이 만들어질 것 같다. 지금 대통령은 이미 정치적 수명이 다했고 곧 탄핵될 것이다. 역사의 큰 쓰나미를 겪고 있다. 이번 기회에 성공하지 못하면 영원히 종으로 살게 된다. 대통령이야 이 과정이 조금만 더 진행되면 물러날 것이다. 문제는 대통령을 비호하는 세력이다. 새누리당. 그중에 선량한 사람도 있겠지만 기득권 세력이 압도적으로 많다는 것이 문제지. 한 가지, 나는 이번에 탄핵안이 부결되어도 나쁘지 않다고 본다.

박주민   아이고, 그래도….

이재명   부결되라고 고사를 지내겠다는 말이 아니라 가결되는 데 최선을 다해야겠지만 부결되더라도 불안해할 필요가 없다는 거예요. 모든 일에는 양면이 있다. 부결되면 새누리당이 조기에 쓸려나가게 될 것이다, 조기에. 국민들의 원망과 항의가 사라지겠어요? '국회에서 탄핵안이 부결되었다고 하니 이제 그만하자' 그러겠어요? 저항은 더욱 커질 것이다. 더 커질 뿐 아니라 대상이 대통령에서 대통령을 포함한, 반대 세력으로까지 확장된다. 그렇게 되면 암울해 보이겠지만 가장 어두울 때가 새벽의 시작 지점 아니겠어요. 결국 국민이 '이것이 대통령 한 사람을 탄핵해서 될 일이 아니구나' 하고 자각하게 된다. '대통령 혼자 한 일이 아니구나, 결국은 한 덩어리구나' 이렇게 세력을 이해하는 계기가 될 수 있다.

안수찬   한 사회의 변화를 이끌어내는 역사적 동력에 대해 동의한다. 제도와 권력자들이 어떻게 움직이는 것과 관계없이 큰 물결을 만드는 것은 시민이다. 다만 첨언하자면 에너지 소모와 희생이 클 수 있다.

보고를 했는데 최고 책임자가 아무런 관심이 없다면

이재명 총력을 다해야지. 탄핵을 하지 말라는 게 아니다. 전체 그림을 보지 않고 한 부분만 포착해서 '이재명이 탄핵에 반대했다'며 이상한 사람으로 만들어서는 안 된다.(웃음)

안수찬 시장님을 믿죠. 믿는데, 혹시 시장님 말씀을 듣고 박주민 의원이 방심할까 봐 한 말이다.

이재명 원래 12월 2일에 함께 탄핵안을 발의하기로 뜻을 모았다가 일부 야권 세력이 동참하지 않는 바람에 불발되었잖아요. 그러자 국민들의 항의가 빗발쳤죠. 쇄도하는 전화 때문에 전화번호까지 바꾸고 그랬다면서요. 국민의 위대함이기도 하고 민심의 무서움이기도 하다. 대중들은 국회의원들이 눈만 돌려도 바로 안다. 야3당은 12월 3일 새벽 4시 10분에 탄핵안을 제출했다. 하지 않으면 죽게 생겼거든. 이게 국민의 힘이지. 정치 세력을 구분하는 계기가 될 수 있다. 새누리당 의원들 몇 명이 탄핵 대열에 합류할지 모르지만, 가결되든 부결되든 무기명이라고 해서 잠깐 속일 수 있을지 몰라도 결국 표정을 보면 다 아는 것 아니겠어요. 그런 과정을 통해 또 책임을 묻는 거죠. 이정현 대표 같은 순장조도 있겠지만.

박주민 그런 분들이 꽤 있죠.

이재명 국민들은 직접적인 책임을 물을 것이고, 탄핵에 반대하는 또는 방해하는 세력은 이번 기회에 다 쓸려나갈 것이다.

박주민　　　전남 순천에서 열린 탄핵 선전전에 이정현 대표 덕분에 5000명이 모였다.

이재명　　　나도 그날 강연이 있어 내려갔는데 비가 많이 왔어요. 기차 타기 전에 잠깐 집회에 다녀왔는데, 우중에 5000명이 우산을 쓰고 모여 있으니 앞이 잘 안 보여요. 나중에 우산을 다 내리는데 정말 무섭더라.

박주민　　　강원도 춘천에서도 1만여 명 가깝게 모였다, 누구 덕분에. 기자들이 그 의원을 찾느라고 사우나를 다 뒤졌다고 한다.

안수찬　　　너무 오랫동안, 극단적으로 가면 기자들도 죽어난다. 사우나나 뒤지고 있으니, 얼마나 힘들겠는가. 숨 좀 돌려가면서 취재하고 싶은데. 12월 9일로 끝내야죠.

'대통령이 물러나고 최순실이 감옥에 간들
이 사회가 달라지겠어요'

박주민　　　탄핵안이 의결되어 헌법재판소로 공이 넘어가면 또다시 헌법재판소를 압박하기 위한 촛불이 필요할 것 같다.

보고를 했는데 최고 책임자가 아무런 관심이 없다면

이재명　　끝이 없습니다. 최종 결론이 날 때까지 정말 총력을 다해야 한다. 앞서 말했듯이 이런 시도를 중간에서 날치기하려는, 전문 용어로 '네다바이' 하려는 세력이 있다. 지금도 열심히 계산하고 있을 것이다. '네가 선도 탈출해라. 나가서 둥지 하나 틀어 놓고 있으면, 우리는 죽은 척하고 있을게' 할 것이다. 겉으로 보기엔 반대 세력이 된 것 같지만 뿌리는 같은 족속이다. 시간이 지나면 언제 그랬냐는 듯이 합칠 것이다.

여기에 진짜 바탕이 되는 세력은 경제권력, 즉 재벌들이다. 이번 사태에서 드러났듯이 모든 것은 재벌들이 뿌리는 푼돈을 얻어먹으려다 생긴 일이지. 재벌들로서는 이번 게이트에서 수십조 원을 벌었잖아. 그중 정치권력에 뿌린 돈은 1000억도 안 될 거야. 빵 부스러기 뿌리는 것에 달려든 거지. 최순실도 먹고 누구도 먹고 하다가 체한 것이다. 정계 개편을 하든, 내각제를 매개로 제3지대를 만들든 그 밑의 뿌리는 생생히 살아남을 것이다. 썩은 줄기는 하나둘 잘라내면 되거든. 그걸 또 조심해야지. 그래서 이번에는 날치기를 당하면 안 된다. 얼마나 많은 국민이 희생하며 치열하게 싸워온 결과인데. 1987년의 6·29선언처럼 당해서는 안 된다.

박주민　　내가 대학교에 강연을 다녀보면 학생들이 그런 얘기를 한다. '대통령이 물러나고 최순실이 감옥에 간들 이 사회가 달라지겠어요' 하는 절망을 말한다. 학생들은 그들이 물러난 이후에 새로운 사회가 올 수 있다는 희망을 가지게 해달라는 말을 많이 한다.

이재명   그다음 단계가 무엇인가. 퇴진, 탄핵, 형사처벌, 구속. 나는 진짜 헌법재판소에서 탄핵이 인용되어 대통령이 청와대를 떠날 때가 되면, 그날 문 앞에서 경찰 순찰차가 대기하고 있다가 나오는 순간 철컥, 쇠고랑 채우는 모습을 보여줘야 한다고 본다. 수건으로 양손을 둘둘 말아 가리고 구치소로 데려가는 모습을 보여줘야 한다. 그것이 정의다. 민주공화국이라면 그것이 제대로 된 모습이지. 그리고 그다음 단계는 재벌 체제 해체가 될 것이다. 기업을 없애자는 게 아니라 재벌 내부의 부당한 지배 구조, 내부 거래, 중소기업에 대한 착취, 노동 탄압, 이런 것들을 고쳐서 정상적인 경쟁이 가능한 사회를 만들자는 것. 그것이 살길이죠. 지금까지 우리 사회는 불공정 그 자체였다. 불공정, 불평등, 부정의, 이것이 이 사회의 핵심적 문제였다는 말이다.

박주민   이번 검찰 조사에서도 재벌이 비선 실세에 줄 대는 모습이 드러났다.

이재명   필요하면 면세점 만들어주고, 필요하면 사면해서 풀어주고, 정부가 다 법으로, 제도로 밀어준 것 아닙니까. 국민들이 피땀 흘려 일해서 한 달에 몇 만 원씩 낸 국민연금을 털어서, 재벌 후계자 개인이 상속받는 데 도와준 꼴이 되었다. 삼성그룹의 지배 주주이자 재벌 총수라는 지위를 상속받는 데다 국민의 돈을 대주었다. 그 일에 온 나라가 총동원되었다. 결국 이 나라를 지배하는 것은 겉으로는 정치권력처럼 보이지만 실제로는 재벌이다. 그들이 뿌리이고 바탕이다. 다시

보고를 했는데 최고 책임자가 아무런 관심이 없다면

말하지만 기업을 없애자는 말이 아니다. 기업들 사이에 합리적 경쟁이 가능하도록 재벌 내부의 부당한 거래, 중소 업체에 대한 노동 착취와 탄압 등이 교정되는 계기로 삼아야 한다. 다음 목표는 그것이다. 우리가 앞으로 가야 할 길이 더 험하다. 산 넘어 산인데.

박주민　　　　오늘 이 자리에 나와 많은 것을 배웠다. 함께 대담을 들은 이들도 속 시원했을 것이고 상황에 대한 전반적인 이해가 이루어졌으리라 본다. 세월호 7시간에서 출발해서 국가가 어떻게 해야 하는가, 박근혜-최순실 이후 무엇을 해야 하느냐에 이르기까지 이재명 시장과 많은 얘기를 나누었다. 안편집장은 이 자리를 통해 세월호 참사 당일 오전 11시 23분에 대통령이 전화로 승객들이 선내에 잔류한 상황을 보고받았다는 충격적인 폭로를 해주었다. 〈한겨레21〉에 실리니 많이 팔리겠어요. 대담 진행상 허용된 시간이 거의 다 되어가는데 두 분이 한마디씩 정리하는 말씀을 해달라.

이재명　　　　심층 탐사 보도 전문 매체인 〈한겨레21〉에 대한 많은 관심을 부탁한다. 나는 위기 속에 기회가 있다고 믿는 사람이다. 기회는 기득권자들이 갖는 것이지, 아웃사이더와 변방, 비주류, 서민 다수에게는 원래 없는 것이다. 그래서 기득권자들이죠. 그렇기 때문에 우리는 언제나 위기 속에서 기회를 만들어야 한다. 실제 위기 속에 기회가 들어 있다. 우리가 가야 할 길은 이것밖에 없다. 기회를 찾아 헤매면 영원히 실패한다. 위기를 과감히 받아들이고 정면으로 돌파하면서 그것을 반전시켜야 한다. 지금 우리에게 닥친 이 현실을 보면, 대통령은 실체가 없는 존재이고, 알고 보니까 우리가 생각했던 것보다 훨씬 황당한 일이 일어났고, 아무 책임도 없는 사람에게 한 나라의 권력을 맡긴 꼴이 되었고, 국가권력을 이용해 재벌들과 그야말로 돈 잔치를 하는 사태가 벌어졌다.

국민들이 상상할 수 없는 일들을 겪으면서 황망할 텐데요. 그렇더라고 이것이 우리에게 주어진 기회다, 이렇게 생각하면 좋겠다. 이 과정을 통해 다음 세대들은 최소한 평등하게 기회가 주어지고, 공정한 경쟁이 가능하며, 기여한 만큼 분배받는 그런 나라를 만들 수 있을 겁니다. 나는 이번이 정말 기회이고 조금만 애쓰면 새로운 사회를 만들 수 있다고 본다. 정말 우리가 일제에 대항해 싸우고 대한민국 정부를 수립하는 과정에서 많은 희생을 무릅쓰면서도 기어코 만들고자 했던 그런 나라를 완성할 수 있는 기회라고 생각한다.

안수찬　　　　나는 이시장에 대해 한마디 하고 싶다. 우선, 용기 있는 분이다. 나중에 기자로서 이시장을 검증하게 되거나 추적 보도하게 될 일이 생길지 모르지만, 최근 상황처럼 용기가 필요한 시점에 잘 나서 주었다. 지혜를 갖춘 용기가 필요한 시점에, 이시장이 계산이 빠른 것인지 용기가 출중한 것인지 모르겠지만, 주요 국면마다 말씀을 잘해주고 있다고 생각한다.

박주민　　　　앞서 말했듯이 유능함을 보이려면 각오와 결기가 먼저 있어야 한다. 앞으로 어떤 논란이 있을지 모르지만 이재명 시장이 보여준 각오와 결기를 따라올 분은 없다고 평가한다.

안수찬　　　이시장과 〈한겨레21〉 사이에 공통점이 하나 있다. 이후 다루어야 할 문제로 재벌 해체와 경제민주화 문제를 상정하는 과정에서 〈한겨레21〉은 기본소득이라는 어젠다를 세팅해서 몇 달째 기획 보도를 하고 있다. 이시장은 기본소득 분야의 전문가가 아닌가.

이재명　　　전문가는 아니고 그 일을 저지른 사람이죠.

안수찬　　　기본소득의 깃발을 들고 나선 분이다. 그렇게 용기와 지혜를 겸비한 길을 계속 가기를 기대하고, 재벌 해체와 경제민주화 분야에서 기본소득과 관련된 자리를 마련해 한번 모시고 한 말씀 듣고 싶다.

이재명　　　변명 삼아 몇 마디 더 하겠다. 나를 보고 계산이 빠른지 용기가 있는지 모르겠다고 말씀했는데, 정확히 말하면 계산이 아니라 판단이 빠른 것이다. 큰 차이가 있다. 보통 정치를 오래하게 되면 계산이 늘어난다. 판단에 기초해 계산을 한다. 가공을 해서 행동하기 때문에 사람들과 괴리가 생긴다. 자신의 판단과도 괴리가 생긴다. 급기야는 판단도 잘 되지 않는다. 왜냐하면 대중들 속에 있지 않고, 대중들과 단절되어 있기 때문이다. 나는 정치라는 것을 국민을 대리하는 것으로 이해하고, 정치인은 월급을 받는 머슴이라고 생각한다. 그 일에 충직해야 주인한테 인정받는 시대가 온다. 그런 시대를 만들어야 한다는 것이 내 꿈이었다. 그런 시대가 오고 있다. 그래서 판단이 중요하고, 그 속에서 대중들의 뜻, 국민의 뜻을 읽는 것이 중요하다.

그리고 요새 정책이 어떠한가라는 얘기를 많이 하는데, 솔직히 우리가 정책이 없어서 일을 못 했습니까. 쌓이고 쌓인 것이 정책이다. 대통령도 대선 공약집이라는 책을 냈다. 지키지 않았을 뿐이지 좋은 정책은 얼마든지 있었던 것이다. 문제는 그걸 기득권자들의 저항을 뚫고 과연 밀어붙일 용기와 결단이 있느냐이다. 그런데 되게 두렵죠. 기득권이란 정말 무서운 것이다. 빼앗기는 사람들의 저항 강도를 생각해보라. 그들에게 매수될 수도 있고, 협박을 받을 수도 있다. 실제로 전 세계적으로 그런 일이 일어나는 상황이다. 그런 모든 것을 감수하고 밀어붙일 용기가 필요하다. 지금은 think가 아니라 act가 필요한 시대다. 용기와 결단을 가지고 밀어붙이는 에너지. 그래서 행동하는 것이 중요하다. 아무 생각도 하지 않는 사람은 대책이 없지만, 계산하기보다 판단하는 것이 중요하다.

안수찬   판단과 용기를 갖춘 이재명 시장이다.

이재명   간접광고를 했다.

박주민   오늘 바쁜 와중에 귀한 시간을 내주어서 감사하다.

- 참사 당일 관저에서 대통령을 대면했다는 최초의 증언: 국회 국정조사특위 위원들은 2016년 12월 26일 서울남부구치소를 찾아가 정호성 전 제1부속비서관을 접견했다. 다음은 본인 발언의 녹취가 아니라 배석한 국회 직원이 대화를 받아 적은 내용이다.

(-세월호 당일에는 대통령이 어디 계셨나?) "그 전주까지 일정이 FULL이었다. 대통령 피곤해 하셔서 일정을 비운 것이 공교롭게 그날이고, 관저에 계셨다."

(-세월호 당일의 대통령 행적은 정호성 전 비서관의 추측인 것으로 확인된다.) "경험을 못 해봤기 때문에 추측이다."

(-오전에는 대통령을 보지 못했나?) "오전에는 뵙지 못했다."

(-오후에는 대통령을 몇 시쯤 뵈었나?) "안보실장이 (대통령과) 통화하기 직전에 뵈었다. 2시 후반부. 관저에 가서 뵈었다."

(-세월호 참사 날 대통령 몇 번 뵈었는지?) "2번 정도 되었음. 오후 2시 후반부에 대면인지 관저 인터폰인지 모르겠으나 관저에 가서 보고. 5시쯤 중대본에 가실 때."

(-관저 서면보고는 안봉관 비서관이 가져다 드리는지? 누가 당일 서면보고를 가져다 드렸나?) "안비서관은 아니다."

(-관저 인터폰 보고인지 대면보고인지 기억 안 나는지?) "대통령이 여성분이시고 대통령 상황이 어떤지 모르니 인터폰 보고를 했을 수도. 윤전추, 이영선은 있었을 것임. 거의 관저에 있음."

(-세월호 사건 당일 대통령의 업무 지시가 없었고 이미 오전에 사건은 종료. 교신 기록이 없고 주장만 있다?) "교신은 본 적은 없고, 당일에 오전 안보실장, 해경청장과 대통령이 통화했다는 말을 안비서관으로부터 들었음. 당일 어디에선가 들었음. 안보실장, 해경청장 둘 다 조치했다고 들었음. 중대본 방문 전에. 2시에 안비서관으로부터 들은 것은 아님. 점심 때 들었는지 정확치 않지만 중대본 방문 전. 관저에서 들었는지 정확하지 않음"(대화록 출처는 2016년 12월 29일자 뉴스타파).

보고를 했는데 최고 책임자가 아무런 관심이 없다면

망각의 대상을 잘못 선택한 이들의 둔감한 가슴에

: 안수찬

기억이 그러하듯 망각도 삶의 방식이다. 어떤 일은 훌훌 털어버려야 숨을 쉴 수 있다. 다만 무엇을 얼마나 망각할지 골라내는 일이 삶의 품격을 결정한다. 망각의 대상을 잘못 고르면 점액질 속을 무작정 헤매는 아메바의 한 생애를 살아갈 뿐이다. 하여 상실·수치·잔혹의 과거 가운데 무엇을 기억하고 무엇을 망각해도 좋을지 골라내는 일이 국가와 사회의 품격을 결정한다.

2014년 4월 16일 이후 2년여 동안, 박근혜 정부는 세월호를 지워버리려 안달이었다. 그들은 세월호를 망각의 대상으로 골랐다. 그것은 아메바의 시절이었다. 생명, 인권, 민주주의, 국가의 존재 이유가 송두리째 부정되었다.

이번 책의 바탕이 된 자리에 낄 수 있었던 것은 〈한겨레21〉이 그 시절을 앞장서 헤쳐왔다고 감히 자부하기 때문이다. 처음 1년 동안, 고립된 유족이 가는 길마다 동행했다. 그다음 1년 동안, 방대한 수사·재판 기록을 입수해 체계적으로 분석하고 단행본으로 출간했다. 뒤이은 1년, 즉 2016년 4월 이후엔 대통령의 행적을 집중 취재했다. 2014년

4월 16일 이후 1000일 동안 136차례 발행된 주간지 가운데 세월호 참사를 표지 기사로 다룬 것만 16차례이고, 특집·이슈추적 등의 주요 기사로 다룬 것은 82차례다. 이 밖에도 100일, 1주기, 2주기, 1000일 등을 맞아 호외 특별판을 만들었다.

이제는 보수 종편조차 세월호 7시간을 들어 박근혜 대통령을 비판하지만, 이것은 2016년 가을·겨울 촛불 시위 이후의 천지개벽이다. 언론은 언제든 무심과 망각의 아메바 상태로 회귀할 가능성이 있다. 그 시간이 재현되더라도 〈한겨레21〉은 세월호 참사를 반드시 기록하고 기억할 것이다. 그것을 특종이라 불러도 좋고, 집념이라 평해도 좋고, 집착이라 눈 흘겨도 좋다. 망각의 대상을 잘못 선택한 이들의 둔감한 가슴에 깊숙이, 끈질기게, 뾰족한 기사를 박아 놓겠다. 이 책은 그 약속의 증표다.

《대통령의 7시간(2014년 4월 16일)》

'대통령의 7시간'(2014년 4월 16일), 〈한겨레21〉 1146호(2017.01.16), 청와대 홈페이지, 국회 운영위원회 회의록 부록(2014.10.28), 청와대 정보공개소송 준비서면(2015. 12.15), 최순실 국정 농단 사건 국회 국정조사 비공개 청문회 수기록(2016.12.26), 박근혜 대통령 대리인 헌법재판소 답변서(2017.01.10) 등을 참고했다.

시간	대통령의 7시간
08:30	관저로 윤전추 행정관 호출(윤전추 증언 2017년 1월 5일 헌법재판소)
08:49	세월호 기울기 시작
10:00	국가안보실 종합 서면보고(구조 인원 수, 구조 세력 동원 현황)
10:15	국가안보실장 유선 상황 보고('선체가 기울었고 구조 진행 상황 및 구명조끼가 정원보다 많이 구비되어 있다')
	국가안보실장에게 전화('단 한 명의 인명 피해도 발생하지 않도록 할 것. 여객선 내 객실 등을 철저히 확인하여 누락 인원 없도록 할 것')
10:17	세월호 108도 전복
10:22	국가안보실장에게 전화('샅샅이 뒤져서 철저히 구조하라')
10:30	해경청장에게 전화 ('해경 특공대를 투입해서라도 인원 구조에 최선을 다할 것')
	세월호 침몰
10:36	사회안전비서관 서면보고(09:50 70명 구조)
10:40	국가안보실 서면보고(10:40 106명 구조)
10:57	사회안전비서관 서면보고(10:40 476명 탑승, 133명 구조)
11:01~	'학생 전원 구조' 오보

11:10~	청와대, 현장 중계 영상 시청
11:20	국가안보실 서면보고(11:10 161명 구조)
11:23	청와대 파악 미구조 인원 315명(11:10 탑승객 수 476명)
11:28	사회안전비서관 서면보고(11:15 477명 탑승, 161명 구조)
12:00	점심식사. 당시 청와대 조리장 '(식사 후) 그릇이 비워져 나왔다' (여성동아 인터뷰 2016년 12월 7일) /
	서울 청담동 전속 미용사 호출 '대통령 머리 손질해야 하니 급히 들어오라'
12:05	사회안전비서관 서면보고(11:50 162명 구조, 1명 사망)
12:33	사회안전비서관 서면보고(12:20 179명 구조, 1명 사망)
12:54	행정자치비서관 서면보고 (178명 구조, 1명 사망. 해군 특수구조대 및 해경 특공대 투입 및 선체 생존자 확인 중)
13:00	올림머리 손질. 13시에서 16시 사이 약 90분간 머리 손질 (미용사 호출 시간 12:00 무렵. 한겨레 2016년 12월 7일치)
	목포해경 122구조대 최초 수중 수색 시도. 이후 당일 6차례 수색 모두 실패
13:07	사회안전비서관 서면보고(13:00 370명 구조, 2명 사망)
13:13	국가안보실장 유선보고 (잘못된 보고. '190명 추가 구조하여 총 370명 구조했다. 2명 사망')
14:11	국가안보실장 유선 상황 보고
	국가안보실장에게 전화(구조 진행 상황 점검 및 현장 상황 파악)
14:50	14시에서 15시 사이 정호성 부속비서관 대면보고 (정호성 증언. 2016년 12월 26일 국정조사 비공개 청문회)
14:57	국가안보실장에게 전화(구조 인원 혼선에 대한 질책과 통계 재확인 지시)

보고를 했는데 최고 책임자가 아무런 관심이 없다면

15:00	중앙재난안전대책본부(중대본) 방문 준비 지시
15:30	사회안전비서관 서면보고(구조 인원 166명으로 정정[사망자 2명 포함])
15:35	약 20분간 머리 손질(미용사 청와대 체류 시간 15:22~16:24. 박근혜 대통령 대리인 헌법재판소 답변서 2017년 1월 10일)
15:45	사회안전비서관 서면보고(중대본 방문시 말씀자료 보고)
16:30	대통령경호실, 중대본 방문 준비 완료 보고
17:11	사회안전비서관 서면보고(잔류자 구조 방안 등)
17:15	대통령, 중대본 방문 및 지시
18:00	저녁 식사. 당시 청와대 조리장 '(식사 후) 그릇이 비워져 나왔다' (여성동아 인터뷰 2016년 12월 7일)

* 오전 10시 반부터 오후 2시 11분까지 대통령 지시 없음

대통령 중대본 방문 당시 질의 응답 중

박근혜 대통령
"다 그렇게 구명조끼를 학생들은 입었다고 하는데 그렇게 발견하기가 힘듭니까?"

이경옥 안전행정부 제2차관
"갇혀 있기 때문에 구명조끼가 의미가 크게 없는 것 같습니다."

박근혜 대통령
"갇혀 있으니까…."

'승객을 구조하라'는 말,
오전 10시 전까지
한 번도
나오지 않았다

장훈 · 오현주 · 박주민

장훈 | 416가족협의회 진상규명분과장 |

오현주 | 작가 |

05

박주민　　이번에는 세월호 가족 한 분과 12권의 단원고 약전 《짧은, 그리고 영원한》을 집필한 오현주 작가를 모시고 이야기를 나눠 보도록 하겠다. 사실 처음 기획할 때는 세월호 7시간의 진상을 규명할 수 있는 조각들만 추적하려 했는데, 아무래도 우리가 그 7시간을 추적하는 의미가 무엇인지 다시 한 번 새겨볼 필요가 있다고 느껴서, 오늘 이 자리에 416가족협의회 진상규명분과장을 맡고 있는 장훈 과장을 모셨다. 그리고 오작가는 단원고 약전뿐 아니라 최근 세월호 관련 자료집을 만드는 데에도 참여했다. 한마디씩 자기소개를 부탁한다.

장훈　　진상규명분과장을 맡고 있는, 2학년 8반 장준형의 아빠

장훈이다. 말씨가 어눌한 편이고, 조금 거친 표현이나 욕이 나올 수도 있어요. 이해하는 마음으로 지켜봐달라. 그리고 박주민 의원과 함께 뜻깊은 대화를 나누게 되어 영광이다.

박주민 나 역시 영광이다.

오현주 416 단원고 약전 발간위원 오현주이다. 아, 오늘 이럴 줄 알았으면 약전을 들고 나오는 건데…. 416 단원고 약전은 단원고 250명 우리 아이들과 11명 선생님들 각각의 이야기를 간략히 전기 형태로 엮은 12권의 책이에요. 그 책을 2015년부터 시작해 1년에 걸쳐서 139명의 약전 작가단이 만들었어요. 인터넷서점에서 구입할 수 있고, 도서관에서도 찾아볼 수 있다. 약전 발간위원을 맡았고, 최근에는 416가족협의회가 '세월호 참사 진상 규명 어디까지 왔나'라는 자료집을 만드는 데 함께 참여했다. 진상 규명과 인양에 관한 이야기를 담았으니 촛불 집회에 나가는 분들은 광화문 416광장에서 만나보기를 바란다. 이 자료집을 만들 때 옆에 있는 장훈 과장이 지휘를 맡았다. 아마 내가 이 자리에 나온 것은 그런 여러 이유 때문인 것 같다.

박주민 세월호 가족들이 진상 규명을 위해 많은 활동을 해왔음에도 불구하고 가족 차원에서 내용을 정리해 결과물로 내놓지 못했다. 사실상 이번 자료집이 처음이다. 많은 이들이 세월호 자료집에 관심을 가져주기를 바란다. 그리고 최근에는 '416 전국 제패-분노를 기억하라'라는 이름으로, 슬램덩크의 강백호 이야기가 아니다, 전국을 돌며 강연회와 북콘서트를 열고 있다고 하더라.

오현주　　　　세월호 민간 잠수사의 이야기를 다룬 김탁환 작가의 소설 ≪거짓말이다≫ 이야기, 단원고 약전 이야기, 그리고 416가족협의회 인양분과장인 정상욱 과장님을 비롯해 가족들이 직접 설명하는 세월호 참사 진상 규명에 대한 이야기, 이렇게 세 꼭지로 나눠 전국을 다니면서 강연회를 열고 있어요. 강연회는 광주와 대구 지역에서는 성황리에 마쳤고, 이번 달은 제주에서 열린다. 그 밖의 지역들은 신청이 들어오는 대로 4·16연대와 함께 진행하려 한다. 많은 관심 부탁한다.

박주민　　　　그동안 세월호 참사와 관련해 많은 국민들이 고통과 슬픔을 함께했지만 얼마 전까지만 해도 관심이 좀 뜸했던 것이 사실이다. 그러다가 지금 최순실 게이트가 터지면서 세월호 참사 당시 대통령이 무엇을 했을까, 왜 적극적인 구조 대응을 하지 않았을까 하는 의문이 세월호에 대한 관심으로 이어짐으로써 전 국민이 다시 세월호 이야기를 하는 상황이 되었다. 그리고 어제 12월 3일 6차 촛불 집회에는 광화문에 100만 명이 넘는 시민들이 집결했다. 나는 대전 집회에 참여하는 바람에 함께하지 못했는데, 법원이 최초로 청와대 100미터 앞까지 집회와 행진을 허용하면서 소리 지르면 들리는 거리에서 집회를 했다고 들었다.

장훈　　　광화문 광장에서 오후 3시에 출정식을 갖고 3시 20분에 행진을 시작했는데, 청와대와 100미터 떨어진 효자치안센터에 도착하는 데 1시간 넘게 걸렸다. 합류하는 시민들이 시간이 갈수록 불어나서 그만큼 전진하기 어려웠다. 이미 그곳에 도착해 집회 준비를 하는 이들도 있었는데, 우리가 그곳까지 가느라 투쟁하는 데 2년 7개월 넘는 시간이 걸린 것을 말하면서 먼저 온 시민들에게 양해를 구하고, 우리가 대오의 맨 앞으로 가 섰다. 세월호 어머니들, 진짜 많이 우셨고, 착잡한 심정이었을 거예요. 이 길이 뭐라고, 여기까지 오는 데 2년 7개월이 걸렸나 하는 한탄이 나왔고.

　나는 화가 좀 나더라고요. 솔직히 말해서, 언제든지 청와대로 자기를 찾아오라고 말한 사람은 박근혜 대통령이었잖아요. 우리가 가고 싶어서 간 것이 아니었는데, 그렇게 오라고 말해놓고, 정작 우리가 찾아가겠다 하자, 가는 길에 차벽을 세워 놓으니 화가 날 수밖에요. 아무튼 어제는 시민들이 우리에게 너무 많은 힘을 주었다. 그 함성 속에서 '아, 우리가 지금까지 잘못하지 않았구나, 여태까지 잘 싸워왔구나' 느낄 수 있었다.

- 청와대 100미터 앞에서 집회: 2016년 12월 2일 서울행정법원 행정6부는 청와대에서 100미터 떨어진 효자치안센터까지 행진과 집회가 가능하다는 결정을 내렸다. 그에 앞서 11월 12일 서울행정법원 행정6부(재판장 김정숙)가 집회금지 통보 처분 집행정지 가처분을 인용하는 결정을 내림으로써, 3차

촛불은 청와대에서 1킬로미터 떨어진 경복궁역 사거리(율곡로와 사직로)까지 진출할 수 있었다. 11월 19일에는 서울행정법원 행정4부가 청와대에서 500미터 떨어진 정부청사 창성동 별관과 재동초 앞까지 낮 시간 행진을 허용했다. 그리고 11월 25일 법원이 청와대에서 200미터 떨어진 청운효자동주민센터까지 행진할 수 있다는 결정을 내린 바 있다.

박주민   어제 집회에 오작가도 참여했는가?

오현주   그럼요. 어제 한 아버님이 그런 말씀을 했어요. 그동안 세월호 7시간이라는 말이 아프고 무서운 단어였다는 거죠. 세월호 7시간이라는 단어는 부모님들이 세월호 특조위에 조사 신청을 넣기 전에 조선일보와 산케이신문 서울지국을 통해 먼저 이슈화되었어요. 그런데 가족들에게 세월호 7시간의 의미는 그 시간 동안 박대통령이 무엇을 했느냐가 아니라 무엇을 하지 않았느냐를 밝히는 데 있었던 거죠. 심지어 어떤 가족은 다음 같은 말씀을 했어요. 7시간이 아니다, 우리가 궁금한 것은 참사 당일 오전 8시 49분부터 10시 15분까지 박대통령이 뭘 하지 않았느냐이다.

그동안 우리가 마치 세월호 7시간을 핑계 삼아 여성 대통령의 사생활을 파헤치려는 사람들인 것처럼 매도되어왔어요. 그렇게 일방적으로 몰리면서 결국 세월호 특조위는 질식사하고, 세월호 가족들은 종북 좌파니 뭐니 온갖 말도 안 되는 비난에 시달려왔습니다. 그런 시간을 버텨오다가 최순실 게이트가 터지면서 세월호 7시간이 다시 수면 위로 확 떠오른 거죠. 세월호 7시간이 세월호 참사의 진상 규명을 재조명하는 계기가 되고, 국민적 관심을 불러일으키는 단어가 되기를 바라면서도, 한편으로는 착잡한 심정이 없을 수 없어요.

왜 '승객을 구조하라'는 문장이
청와대에서 오전 10시까지 한 번도 나오지 않았는가

박주민　방금 말씀했듯이 세월호 7시간이란 참사 당일 대통령이 첫 지시를 내린 오전 10시 15분부터 대통령이 중대본에 나타난 오후 5시 15분까지를 말하는데, 사실 구조의 골든타임이라는 시간은 목포 해경이 출동 지시를 내린 오전 8시 57분부터, 해경 123정이 현장에 도착한 9시 34분, 배의 갑판이 완전히 물속에 가라앉은(180도 전복) 10시 17분까지의 80분이라 할 수 있다(한겨레 2014.10.06). 세월호가 선수만 남기고 완전히 침몰한 시간이 11시 18분이었다. 그 시간대가 중요한데 그때까지 청와대에서 적극적이고 구체적인 지시가 나오지 않았다.

오현주　'적극적이고 구체적이고'가 문제가 아니고요. 정확히 말하자면 오전 8시 52분 119 상황실로 최초 신고가 들어왔을 때 119는 통화가 연결된 상태에서 해경에게 다시 연락해 3자 통화를 시도했다. 그렇게 해경이 최초로 사고를 인지한 시간이 8시 54분이었다. 그리고 마지막 생존자가 발견된 시간이 10시 21분이었다. 마지막 생존자도 자기 의지로 탈출한 것이 아니라 운 좋게 급물살에 휩쓸려 나온 경우였다. 그때는 이미 해경이 배 안으로 진입해서 퇴선 명령을 할 수 있는 상황이 아니었던 것이다. 그렇다면 골든타임은 10시 이전이라고 봐야 한다. 청와대가 해명 자료라고 낸 것을 보면, 대통령이 10시 15분에 '철저히 확인하여 한 명의 인명 피해도 발생하지 않도록 하라'고 첫 지시를 내렸다는데 그것은 이미 그 시간대를 한참 지난 뒤에 나온 것이다.

'승객을 구조하라'는 말, 오전 10시 전까지 한 번도 나오지 않았다

《세월호 사고 접수 및 초기 대응(2014년 4월 16일)》

시간	세월호 사고 접수 및 초기 대응
08:49	세월호 사고 발생
08:52	단원고 학생, 전남소방본부 119 상황실에 침몰 첫 신고
08:54	전남119—목포해경—신고자 3자 통화
08:55	제주VTS, 세월호로부터 구조 요청 받음
08:57	목포해경, 사고 파악
09:05	목포해경, 해경 본청 등에 상황보고서 1보 팩스 발송
09:19	청와대, YTN 뉴스 속보로 사고 인지
09:20	청와대, 해경과의 핫라인 통해 사고 여부 확인
09:30	해경 본청, 청와대 등에 상황보고서 1보 팩스 전파
09:34	해경 123정, 사고 현장에 도착

박주민   청와대의 해명에 의하면 그 시간대에 대통령이 10시 15분, 10시 25분, 10시 30분 세 차례 지시를 내렸다고 해요.

장훈   그 타임라인은 정부에서 발표한 것인데 맞지 않다는 말이에요. 다른 자료들과 비교해보면 어긋나요. 미묘하게 다 어긋나요. ARS 녹취와 TRS 기록, 생존자들의 증언들, 그리고 희생된 아이들의 카카오톡 내용과 비교해봐도 다 어긋나요. 정부가 발표한 타임라인 자체가 맞지 않다는 거죠. 그렇게 보면 골든타임이 언제인지 모르겠어요. 내가 진상규명분과장을 하면서 가장 갑갑하게 느낀 부분이 그 지점이에요.

오현주   그러니까 골든타임의 정확한 시간이 언제인지를 모르겠다는 말씀이다.

장훈   최초 신고 시간이 8시 52분이면, 세월호 선원이나 승객들 또는 관제센터가 사고를 인지한 시각은 그전이었다는 이야기이다. 그렇다면 골든타임에 해경이 어떻게 대처했는지를 보자. 우리는 골든타임을 놓친 책임이 무엇보다 정부에 있고, 그다음으로는 선원들에게 있다고 주장하는데, 가령 이런 것이다. 어떤 사람이 주위에 응급 환자가 발생해서 119에 신고를 했다고 쳐요. 누가 쓰러졌고, 어떤 처치가 필요하다고 말하면, 119 구조대원이 '전화를 끊지 말고 정확히 상태가 어떤지, 신고한 이가 미성년자이면 주변에 어른이 있는지' 등 계속 전

    '승객을 구조하라'는 말, 오전 10시 전까지 한 번도 나오지 않았다

화상으로 확인하는데, 이 세월호 사건에는 그런 것이 없어요. 그냥 '네, 알겠습니다' 하고 전화를 끊어버렸다.

오현주 　　　그것도 너무 태연하게. 앞서 이재명 시장이 말씀했듯이, 청와대에서 해명 자료라고 홈페이지에 올린 글, 해양수산부에서 제시한 TRS라는, 자기들끼리 주고받은 통신 자료 등을 보면 '이게, 진짜일까' 의심이 든다. 그리고 세간에 알려진 것과 다르게, 정부가 공개하지 않은 자료가 공개한 것보다 훨씬 많아요. 예를 들어 해경의 TRS 교신 기록만 해도 우리가 받아서 볼 수 있는 자료는 아직 보지 못한 자료의 극히 일부이다. 이해할 수 없는 대목은 그뿐만 아니다.

　세월호 특조위 청문회에서 구조 책임을 추궁받던 목포해양경찰서장 김문홍이 '내가 신이냐'고 반문했어요(2015.12.16). 세월호 참사 전에는 전원 구조라는 화려한 이력을 가진 유능했던 사람이 어떻게 그렇게 갑자기 하루아침에 무능해질 수 있어요? 교신 기록을 보면 이 사람이 오전 10시 조금 안 된 시각에 퇴선 명령을 내리라고 지시했다. 하지만 어이없게도 그때는 이미 승객이 퇴선할 수 없는 상황이었다. 선내로 들어가 승객들에게 나오라고 소리를 치고 퇴선을 유도할 수 있는 시간대에는 어느 누구도 '지금 승객은 어떠하냐'고 묻지 않았다. 어느 누구도 '지금 승객들이 배 안에 갇혀 있는데 왜 나오라고 하지 않느냐'라는 질문도 지시도 하지 않은 채 그 시간이 지나버렸다. 더 이상 아무것도 손쓸 수 없게 되어서야 비로소 그 지시가 나왔다.

- 세월호 참사 전 과정에서 단 한 사람도 퇴선을 지시하지 않았다: TRS 교신 기록에 의하면 목포해경서장이 오전 9시 59분경 "기울었으면 그 근처에 어선들도 많이 있고 하니까 그 배에서 뛰어내리라고 고함을 치거나 마이크를 이용해서 뛰어내리라고 하면 안 되나? 반대 방향으로?"라고 말했다. 하지만 그것도 명료하게 내린 승객 퇴선 지시라고 볼 수는 없다(박영대 '대통령 '7시간', 어떻게 볼 것인가?'[416세월호참사 국민조사위원회 창립 토론회 자료] 참조).

박주민　해경의 구조 책임 부분도 이야기할 수 있겠으나 우리가 오늘 다룰 곳은 청와대이다. 청와대에서는 오전 10시에 대통령에게 첫 보고를 했다지만, 그것은 해경이 사고를 인지한 시각이 8시 54분이니 1시간 6분(66분) 동안 대통령에게 보고되지 않았다는 말과 같다. 10시경은 이미 사태가 악화되어 손쓰기 어려운 상황이었다.

오현주　재미있는 것이, 청와대는 대통령에게 첫 보고를 오전 10시에 했다고 하는데, 실제로 청와대에서 먼저 해경이나 현지 상황실로 전화해 상황을 확인한 시각이 9시 20분이었다. 그러니까 청와대가 9시 19분에 YTN 속보를 보고 사고를 인지한 다음 바로 전화한 것인데, 왜 그토록 대통령 보고가 지연되었는가. 청와대는 9시대부터 해경과의 핫라인을 통해 상황을 알고 있었던 것이다.

박주민 바로 그 이야기를 하는 것이다. 청와대는 오전 9시 19분부터 비상 상황이 벌어지고 현장이 급박히 돌아가고 있다는 것을 파악하고 있었다. 하지만 그 상황이 대통령에게 보고된 것은 10시였다는 말이다.

장훈 그런데 생각해보면, 470명 넘은 승객들이 탄 배가 지금 가라앉고 있다는 신고가 들어왔는데, 대통령에게 긴급히 보고해야 할 사항이, 이것 말고 다른 것이 있을까요?

박주민 앞서 나온 이야기이지만, 오전 10시에 대통령에게 첫 보고가 이루어지고 10시 15분에 대통령이 첫 지시를 내렸다고 치자. 그런데 10시 반 이후로는 아무런 지시도 없다가 돌연 낮 12시 50분에 고용복지수석과 전화 통화를 하면서 기초연금 상황을 파악하라는 지시를 내렸다. 그리고 그 후 다시 지시가 사라졌다. 앞선 대담에서 밝혀진 내용인데, 오전 11시 23분에 대통령이 국가안보실로부터 구조되지 못한 승객들이 탄 채로 배가 가라앉았다는 내용을 유선으로 보고받았다는 것이다. 그렇다면 그 유선 보고를 듣고 아무런 지시도 내리지 않다가 도중에 기초연금 상황을 확인하라는 지시를 내리고, 다시 지시 없는 상태로 들어갔다는 말이 아닌가.

장훈 우리가 컨트롤 타워 중에 유독 대통령 한 사람만을 탓하자는 것이 아니다. 국가안보실과 대통령비서실, 그다음에 대통령.

이 세 그룹 중 아무도 지시를 내리지 않은 거예요. 소위 말하는 골든타임에 이들 중 한 곳이라도 '빨리 선체에 들어가서 승객을 구하라, 퇴선 지시를 하라'고 지시를 했어야 했는데 아무도 하지 않았다는 거예요. 우리는 세월호 참사 당시 이 세 그룹의 대응이 적절했는지를 조사해달라고 세월호 특조위에 조사 신청을 냈어요. 그날 세 그룹이 어떻게 돌아갔는지 알려달라고 했죠. 이건 뭐, 양파도 아니고 까도 까도 새로운 사실이 나온다. 거짓말이 계속 반복되는 거예요.

오현주   사고 시각에 대통령이 집무실에 없을 수도 있고, 연락을 받지 않을 수도 있잖아요. 그래서 청와대에 대통령비서실이 있는 것이고, 국가안보실이 있는 것이죠. 어제 청와대 앞 집회에 가는 길에 장훈 과장이 그 이야기를 했어요. 대통령이 연락이 되지 않으면, 김기춘 비서실장에게 연락하면 되고, 그것도 안 되면 김장수 국가안보실장이라도 나서면 되지 않느냐. 셋 중 한 사람이라도 '승, 객, 을, 구, 조, 하, 라' 이 일곱 글자를, 발음하는 데 1분도 채 걸리지 않는 이 말을 하면 되는 것이었다. 그런데 왜 아무도 그 말을 하지 않았느냐. 컨트롤 타워에서 그 문장이 내려와야 그다음 구체적인 지시를 해양경찰서장들이 하는 것인데, 그 말이 나오지 않았다는 것이 문제다.

대통령의 7시간으로 다시 돌아가보면, 지금 대부분의 사람들이 도대체 박대통령이 7시간 동안 무엇을 했을까를 찾으면서 여러 설에 매몰되다시피 하는데, 세월호와 관련되어 가장 중요한 것은 앞서 말한 것처럼, 왜 '승객을 구조하라'라는 문장이 청와대에서 오전 10시까지

한 번도 나오지 않았는가이다. 이 부분이 유가족들이 가장 궁금해하는 대목이에요.

박주민　마침 참사 당일 청와대에서는 오전 8시 반부터 9시 반까지 국가안전보장회의 실무조정회의가 열리고 있었다. 각 기관의 안보 분야 실무 책임자들이 청와대에 다 모여 있었던 것이다. 그럼에도 불구하고 세월호가 침몰하던 그 시간에 사고 상황이 공유되지 않았고, 결국 아무런 대책도 논의되지 않았다. 그 사람들을 다시 불러 모으기도 힘든데 그대로 흩어졌어요. 이것도 황당한 이야기이다.

장훈　사람들은 음모론을 많이 이야기하는데, 나는 단언컨대 정부가 구조를 하지 않았다고 생각한다.

오현주　못 한 게 아니라 안 했다는 것.

장훈　무능해서 구조를 하지 못한 것이 아니라, 하지 않았다고 생각해요. 사고 현장에 출동한 이들을 보면 목포해양경찰서장, 해경청장 모두 무능한 사람들이 아니었어요.

박주민　구조 성과로 포상까지 받았고, 그 사실을 자기네들끼리 자랑 삼아 이야기하던 사람들인데.

장훈　　　그런 이들이 왜 유독 이 세월호 앞에서만 무능해졌는가 말이에요. 검찰 조사 내용을 보면 다른 비슷한 상황에서는 다들 잘 대응했다고 말했어요. 그럼, 세월호 사건에서는 왜 그렇게 대응하지 못했는가. 이것은 경황이 없어서 그랬다는 한마디 말로 해결될 문제가 아니다. 의도성이 보인다는 것이다. 그들은 침몰, 구조, 사후 처리 이렇게 세 단계로 나눠서 이야기해요. 그런데 우리는 침몰, 구조 방기, 은폐라는 표현이 맞다고 생각해요. 구조 방기라는 것은 구조를 하지 않았다는 것이다. 일부러 하지 않은 것이 아닌가 하는 의도성이 보인다. 그리고 그들의 사후 처리를 보면 사실상 은폐에 가깝죠. 가장 중요한 증거인 세월호가 인양되어야 하는데 2년 7개월 지나도록 아직까지 이루어지지 않고 있어요. 배를 지금 난리를 내고 있습니다. 140개 넘게 구멍을 뚫고, 자를 것 다 잘라버리면서 주요 증거 부위는 다 손상했어요. 인양 계획이 있는지도 모르겠다. 해양수산부는 열심히 한다고 말하면서, 2016년 7월에 한다, 8월에 한다, 연내 인양한다 하더니 이제는 연내에는 불가능하다고 해요. 은폐라는 말이 맞다.

우리 가족들의 활동도 지금까지 계속 막았잖아요. 이것은 조직적 은폐다. 구조에도 의도성이 보이고, 은폐에도 의도성이 보인다. 그러면 처음으로 돌아갈 수밖에 없어요. 뒤의 두 가지를 의도적으로 막은 것을 보면 침몰 원인이 더욱 궁금해지는 거죠. 그래서 그 배를 인양하자는 것인데, 정부는 계속 시간을 끌고 있다.

박주민　　　특검이 세월호 7시간에 대해서도 조사하겠다고 하니까 그 부분은 두더라도, 이후에는 지금 말씀한 것처럼 침몰 원인을 명확히 살펴야 한다는 생각이 든다.

세월호 참사를 대하는 국가의 태도가
결국 국민 전체를 대하는 태도

장훈　　　그래서 지금 보면 우리가 애초에 주장했던 세월호 특별법 법안이 옳았다. 앞으로 수사권과 기소권이 명시된 특별법으로 개정되어야 이 문제를 해결할 수 있을 것 같다.

박주민　　　그렇다. 우리가 리허설을 길게 하다 보니 어쩔 수 없이 본 대담 시간이 줄어들게 되었다. 마무리 말씀을 한마디씩 해주기 바란다.

오현주　　　세월호 참사를 대하는 정부의 태도를 보면, 박근혜 정권과 새누리당으로 대변되는 이 나라의 수구·보수 세력이 국민들을 어떻게 바라보는지를 알 수 있다. 세월호 참사 당시 어느 누구도 그 안에 갇혀 있는 승객들의 안위를 걱정하지 않았는데, 이후 304명은 5000만 국민 중 아주 소수라고 생각하는 그들이, 피해자 가족들을 '돈이나 받고 떨어지지 왜 저래?' 하는 눈으로 쳐다보는 그들의 태도가 더욱 무서웠다. 그들이 국민을 쳐다보는 태도도 이와 마찬가지이다. 우리가 그들을 용인한다면 대형 해상 사고는 계속 반복될 것이다. 대형 참사라는 것은 우리가 막으려는 마음만 있다고 해서 막을 수 있는 것이 아닌데, 중요한 것은 그에 대한 적절한 대응과 피해의 최소화이다. 여기서 그들을 멈추게 하지 않으면 그다음 희생자는 우리 자신이 될 수 있다. 그리고 무엇보다 그들을, 우리를 대하는 그들의 태도를 용서할 수 없다. 그래서 내가 이러한 활동을 하고, 우리 국민들이 촛불 집회에 몰려 나오는 것이 아닌가 싶다.

박주민   좋은 말씀이다. 내가 다른 데 가서 써먹어도 되나?(웃음)

장훈   우리 세월호 가족들이 2년 8개월 가까이 어떻게 싸워올 수 있었는가 보면, '보상금이나 받고 떨어지지' '시체팔이' 이런 소리까지 들어가며 싸워온 이유는 분노했기 때문이다. 너무 분노했기 때문이다. 자식을 잃은 마음이 슬픔이 아니라 분노였기 때문에 여기까지 올 수 있었다. 그래서 잊을 수 없었고, 계속 행동해나갈 수 있었고, 여러분과 연대할 수 있었다. 내가 여러분에게 마지막으로 하고 싶은 말은 이것이다. 어떠한 사안이 발생했을 때 슬퍼하거나 동정의 눈으로 바라보지 말고, 그 사안 앞에서 분노해야 한다.

지난날 세월호 7시간을 이야기할 때 분노가 몸에 와 닿지 않았던 국민들까지 지금 최순실 게이트와 세월호 7시간이 연관되어 나오는 것을 보면서 갑자기 분노하고 있다. 우리 가족들은 최순실 게이트가 터지기 전부터 분노가 머리끝까지 치밀어 올라 참을 수 없었다. 단식을 했고, 팽목항까지 3보 1배 하면서 걸어갔고, 안 해본 것이 없다. 그 힘은 자식을 사랑하는 마음에서 나왔다. 여러분도 집에 가서 옆에 아이가 있으면 꼭 껴안아주고 사랑한다는 말을 해주기 바란다. 그리고 그런 마음이 기본이 되어 다음에는 우리 가족과 함께 행동해주기를 바란다.

박주민　　　두 분의 말씀대로 세월호 참사의 희생자와 가족들을 대하던 정부의 태도가 사실상 지금 와서 보면 전 국민을 대하는 태도였던 것 같다. 그것을 느끼는 순간 분노할 수밖에 없고, 소중한 사람을 지켜내지 못한 것에 대한 책임을 내려놓을 수 없다. 어떻게 보면 이것이 세월호 참사에 대한 당연한 결론이었을 텐데, 2년 7개월까지 돌고 돌아서 여기까지 달려왔다. 당연히 진상 규명을 끝까지 해내야 하고, 책임을 져야 할 사람은 책임을 지도록 만들어야 할 것 같다. 그러기 위해서는 위에서도, 가족들도, 시민들도, 언론들도 '헛소리하지' 말고, 딴소리하지 말고 다들 힘을 모아 하나하나 해나가야 한다.

장훈　　　의원님이 그렇게 막말해도 되나?(웃음)

박주민　　　어쨌든 우리는 이제 알게 되었다. 지금은 국민들이 이겨야 할 때이다. 두 분과 긴 리허설에 짧은 대담을 했는데, 이것도 조금씩 나아질 것이다. 아무튼 오늘 고생했다. 끝나고 맥주라도 한잔 하자. 고생했다.

정확히 말하면 '대통령의 9시간'이다

: 오현주

'대통령의 7시간 추적자들' 대담의 섭외 전화를 받은 날은 촛불 집회가 시작되고 막 광화문광장에 수십만 시민들이 앞다퉈 모일 즈음이었다.

'대통령의 7시간'은 우리에게 무엇인가라는 질문에서부터 나는 시작했다. 2015년 세월호 특조위가 탄생했다. 특별법이 발효되고 두 달이 지나도록 대통령은 위원들에게 임명권을 주지 않았다. 새누리당과 정부는 특조위를 '세금 도둑'이라 부르며 극우 보수 단체들을 앞세워 공격했다.

그뿐인가! 특조위가 청와대를 조사 대상으로 결정하자마자 여당 추천 위원들이 전원 사퇴했다. 조선일보와 산케이신문은 대통령의 7시간 의혹을 언급하면서 세월호 참사 당일 작동하지 않은 국가 시스템과 재난 대응 컨트롤 타워에 대한 문제 제기를, 여성 대통령의 사생활 공격으로 교묘히 왜곡했다. 난데없이 304명의 희생자를 낳은 참사의 책임을 묻는 질문이 청와대와 대통령의 권위에 대한 도전으로 여겨졌다. 결국 2016년 9월 30일 특조위는 강제 종료되었다. 대통령의 7시간을 언급하는 것은 금기시되었다.

그런데 그로부터 석 달이 채 지나지 않아 '대통령의 7시간'은 1000만 촛불에 불을 밝혔다. 대통령의 세월호 참사 당일 7시간 행적을 놓고 종편까지 가세해 온갖 추측과 주장들이 난무했다. 반가움과 어리둥절함이 동시에 찾아왔다.

나는 두 가지 질문을 하고자 한다.

첫째 왜 7시간인가?

사건 발생 직후 최초 신고가 접수된 오전 8시 52분부터 퇴선 명령만 있었다면 전원 구조가 가능했던 10시 21분까지 대략 90분간 대한민국에는 대통령이 없었다. 그 결과 304명의 국민이 억울하게 희생되었다. 대통령이 첫 지시를 내렸다고 일방적으로 주장하는 10시 30분의 승객 구조 지시는 이미 무의미했다. 그러므로 좀 더 정확히 하자면, 그들이 답해야 할 시간은 최초 신고 접수 시각부터 대통령이 중대본에 등장해 엉뚱한 소리를 떠들었던 시각까지 모두 합해 대통령의 9시간이다.

둘째 과연 대통령과 정부는 4월 16일 이후에는 제대로 책임을 다했는가?

대통령이 눈물을 흘리며 철저한 진상 규명과 재발 방지 대책을 약속했지만 단 한 번, 단 한 가지도 그 약속은 지켜지지 않았다. 이 글을 쓰는 현재까지 뻔뻔하게도 대통령은 세월호 참사에 대한 법적 책임이 자신에게는 없다고 항변하고 있다. 자신이 약속한 진상 규명을 막기 위해 그간 저질러온 온갖 범죄들까지 합하면 세월호 참사 관련 책임을 물어야 할 시간은 총 800일, 1만 9200시간이다. 납득할 수 있는 답변과 동의할 수 있는 처벌이 이루어지지 않는 한 세월호 참사는 여전히 진행 중인 것이다. 고의로 일으킨 사건이 아니라면 대통령은 세월호 참사의 진실을 밝히고 당당히 처벌받아야 한다. 그렇지 않다면 결국 그들은 자신들이 의도적으로 세월호를 침몰시키고 304명을 살인한 살인자들이라고 스스로 고백하는 것과 같다.

우리의
관심사는
철저한
검증이다

김성훈 · 박주민

박주민 | 국회의원 |

김성훈 | 세월호 특조위 조사관 |

06

박주민 이제 세월호 특조위(4·16 세월호참사 특별조사위원회)에서 활동한 김성훈 조사관을 모시고 이야기를 나눠보도록 하겠다. 김조사관과의 대화에 허락된 시간이 30분이다. 스튜디오에서 기다린 시간에 비해 너무 짧다. 함께 나누어야 할 이야기들이 많으니 어서 시작해보자. 지금 특조위의 상황에 대해서도 조금 질문할 것이 있고, 세월호 7시간을 비롯해 남아 있는 과제에 대해서도 의견을 들어보고 싶다.

앞선 대담에서 새롭게 조명될 만한 과제들이 몇 가지 나왔다. 대통령이 세월호 참사 당시를 전후해 수요일마다 일정이 없었는데, 하필이면 비선 진료 의혹을 받는 성형외과 의사도 수요일마다 휴진을 했다. 두 사람의 일정에는 어떤 관계가 있지 않은가 하는 것. 대통령의 혈액을 청와대 밖으로 반출한 간호장교는 과연 누구이며, 그 간호장교에게 지시한 사람은 누구이고, 그 목적은 무엇이었을까. 그리고 김영재 원장이 받은 특혜는 무엇이고 그 뒤를 봐준 사람들은 누구인가 하는 것. 또 최보정이라는 이름으로 김영재 원장이 처방해준 프로포폴은 과연 누구에게 갔으며 어떤 목적으로 사용되었는가. 이러한 의혹이 규명되어야 한다. 더 나아가 정윤회와 관련된 의혹도 완전히 해결된 것이 아니며, 최근까지 현 정부의 실세들이 정윤회와 접촉하려 했다는 제보가 있었음을 소개했다.

그러면 먼저, 김조사관이 인사 말씀을 해달라.

김성훈　　세월호 특조위에서 진상규명국 조사2과의 조사관으로 일한 김성훈이다.

박주민　　조사2과는 주로 어떤 조사를 담당했는가?

김성훈　　조사2과는 세월호 참사에 대해 정부가 어떻게 대응했는지를 조사하는 부서다. 청와대와 해경 등 구조 책임 주체들이 참사 당일부터 오늘에 이르기까지 세월호 참사에 대해 얼마나 적절히 대응했는지를 조사했다. 지금 이 순간의 대응 상황도 당연히 포함된다. 그 모든 것을 다 조사하는 것이 우리 조사2과의 일이다.

박주민　　특조위 활동이 2016년 9월 30일 강제 종료되었다. 여기

있는 나로서도 그것을 막아내지 못한 것에 대해 죄송한 마음이 있고, 많은 시민들도 미안하게 생각할 것이다. 최근에는 어떻게 지내고 있는 가? 해산하지 않은 조사관들이 따로 모임을 만들어 조사 활동을 이어 나가고 있다고 들었다.

'실제로 너희들의 조사 의도는 대통령의 사생활을 알려는 것이 아니냐'

김성훈　　　　정부는 세월호진상규명법이 2015년 1월 1일부터 시행 되었다는 이유로 2016년 6월 30일부터 정부 공식 기구로서 특조위를 폐쇄하는 단계에 돌입했다. 먼저 7월 1일부터 예산이 끊겼다. 당장 9월 초에 3차 청문회가 실시될 예정이었는데, 행사를 치를 돈이 없었다. 직 원들이 하나둘 이탈할 수밖에 없었다. 돈줄을 죄어 특조위를 와해하려 는 정부의 전략이었다. 이러한 악조건에서도 3차 청문회를 무사히 끝 낼 수 있었던 것이 다행스럽다. 월급 받지 않고 버티던 조사관들도 9월 말일이 되자 공무원으로서 활동하던 모든 역할을 강제 종료당했다. 이를테면 업무를 보려면 공문서도 만들어야 하는데, 전산 시스템 접 속이 불가능해지는 바람에 아무것도 할 수 없는 상황이 되었다. 조사 관들은 10월까지 계속 근무를 하면서 할 수 있는 조사를 하다가 결국 업무용 컴퓨터와 사무 집기들이 전부 철거되면서 사무실을 나올 수밖 에 없었다.

　현재는 YMCA 전국 연맹에서 자그마한 사무 공간을 내주어서 조사 관들이 그곳을 거점 삼아 할 수 있는 조사들을 하고 있다. 사실 조사 권한을 박탈당한 조사관들이 민간인 신분으로 할 수 있는 조사라는 것은, 기존에 공개된 자료를 분석하고 정리하는 수준이다. 그래도 누군가는 진상 규명을 계속해야 한다는 사명을 가지고 조사에 임하고자 한다.

박주민　　　실제로 예산과 인력을 갖춰 특조위가 활동을 시작한 때가 2015년 8월이니까 세월호진상규명법이 보장한 1년 6개월의 활동 기간은 그때부터 기산하는 것이 마땅한데…. 현재 상황에 대해 죄송하다는 말씀을 전한다. 최대한 빨리 특조위가 진상 규명 활동을 다시 이어나갈 수 있도록 노력하겠다. 특조위도 세월호 참사 당시 박근혜 대통령의 행적, 특히 세월호 7시간과 관련된 조사를 했는가?

- 세월호 특조위 활동 기간: 세월호진상규명법(4 · 16세월호참사 진상규명 및 안전사회 건설 등을 위한 특별법. 2015.01.01. 시행) 제 7조(위원회의 활동 기간) 1항은 다음과 같다. "위원회는 그 구성을 마친 날부터 1년 이내에 활동을 완료하여야 한다. 다만, 이 기간 이내에 활동을 완료하기 어려운 경우에는 위원회의 의결로 한 차례만 활동기간을 6개월 이내에서 연장할 수 있다." 이처럼 위원회의 활동 기간이 '그 구성을 마친 날부터' 시작한다고 명시되어 있다. 특조위원들이 정부로부터 임명장을 받은 것이 3월이고 시행령이 공포된 것이 5월임에도 불구하고 정부는 특별법이 시행된 1월 1일을 활동 기간의 기준점으로 삼았다.

김성훈　　하기는 했지만, 알다시피 청와대에서 아무것도 협조하지 않는 상황이었기 때문에 실질적인 조사가 이루어졌다고 보기는 어렵다. 다만 탐문이나 기존에 있던 자료를 검토하는 수준의 조사를 이어나갔다. 오히려 최근 최순실 게이트 속에서 청와대가 대응을 하지 않으면 안 되는 상황이 연출되면서 이것저것 자료를 내놓는 바람에, 지금 국면에서 우리가 조사할 수 있는 영역이 새로 생기는 것 같다.

박주민　　청와대에 대해 조사하려 했으나 협조를 제대로 받지 못했다고 말씀했다. 그러면 검토하려던 자료는 정확히 무엇이었는가?

김성훈　　우선 2014년 4월 16일 참사 당일 청와대에서는 누가 근무를 했는가, 그날 생산한 기록들은 무엇인가에 관한 것이다. 그리고 돈의 흐름을 살펴보는 것까지가 기본이다. 우리가 청와대에 있는 국가안보실과 대통령비서실, NSC(국가안전보장회의) 사무처에 전부 공문을 보냈었다. 당일 근무자의 인적 사항, 당일 생산하고 접수한 모든 기록 일체(세월호 관련), 그날 사용한 돈의 내역을 수차례 요구했다. 하지만 그중 어떤 것 하나도 제출받지 못했다.

　2015년 9월 29일 세월호 가족들이 청와대가 과연 세월호 참사와 관련해 업무를 정확히 실행했는지 조사해달라는 신청을 냈는데, 그 이후 굉장히 재미있는 일이 벌어졌다. 특조위는 조사 신청이 접수되면 검토를 한다. 두 단계를 거치게 되는데, 진상규명 소위원회에서 의결을 한다음, 전원위원회에서 의결하면 조사를 개시하게 된다. 진상규명 소위

　　　　　　　　　　　우리의 관심사는 철저한 검증이다

원회에 여당 추천 위원이 3명 있었다. 그때 '청와대 등의 참사 대응 관련 업무 적정성 등에 관한 건'이 상정되었을 때에는 청와대와 관련된 조사 개시를 의결했다. 아무런 이의가 없었다. 당연히 청와대도 정부 기관 중 하나이기 때문에 청와대가 대응을 적절히 했는지 조사해야 했다.

그런데 일주일이 지난 그사이에 어떤 지시를 받았는지 모르겠으나 여당 추천 위원들이 이미 의결된 청와대 관련 조사 사항에 문제를 제기하기 시작했다. 혹시 대통령의 사생활과 관련된 조사를 하는 것이 아니냐, 뭔가 숨기는 부분이 있는 게 아니냐 하면서 조사를 해서는 안 된다고 억지 주장을 폈다. 하지만 이미 의결된 안건을 부결시킬 수는 없는 노릇이었다. 그 뒤 11월 23일 전원위원회에 안건이 상정되었을 때 그날 여당 추천 위원들이 일괄적으로, 세월호 참사 당일 대통령의 7시간 행적 조사가 사생활 조사나 마찬가지라는 취지로 반대 의견을 제기했고, 표결에 들어가기에 앞서 사퇴 의사를 표시했다.

나중에 이와 관련해서 해양수산부가 마련한 대응 방안 문건이 존재한다는 것이 밝혀지기도 했다. 특조위가 청와대 관련 조사를 개시할 경우 여당 추천 위원들이 전원 사퇴 의사를 표명하고, 항의 기자회견을 하도록 하는 '내부 지침'이 있었다(the300 2015.11.19).

박주민　　당시 안건을 막으려 했던 여당 추천 위원들에게 왜 그때 반대했는지, 지금도 그렇게 생각하는지 묻고 싶다.

김성훈　　　그것에 대해 질문해본 적은 없다. 그들 중에 당시 미안한 기색을 보이던 위원도 있었고, 그럴 수밖에 없는 입장임을 이해해 달라는 취지의 이야기를 나중에 했다고 들었다.

박주민　　　그렇다면 다시 한 번 짚어보겠다. '대통령의 사생활을 조사하려는 것 아니냐?'라는 표현을 당시 여당 추천 위원들이 사용했는가?

김성훈　　　그렇다. 여당 추천 위원들은 '실제로 너희들이 그것을 조사하려는 의도가 대통령의 사생활을 알고 싶은 데 있는 것이 아니냐'라는 취지로 발언했다. 우리는 세월호 참사와 관련해 정부, 특히 청와대가 어떻게 대응했는지 확인하려 했던 것이지 사생활을 알고자 했던 것이 아니다.

박주민　　　국민들 모두 알다시피 세월호 참사는 주중 일과 시간이었다. 그때 대통령이 어떻게 근무를 했는지, 어떤 보고를 받고 어떤 지시를 내렸지의 문제가 어떻게 사생활에 속할 수 있는지 이해되지 않는다.

김성훈　　　청와대는 참사 당일 대통령이 관저에 있었고 관저에도 집무 공간이 있다고 밝혔지만, 이미 국민들은 다 알고 있다. 관저가 집이지 어떻게 집무실일 수 있는가. 상식적으로 집 이상의 어떤 의미도

　　　　　　　　　　우리의 관심사는 철저한 검증이다

없다. 또 전직 청와대 관계자들의 발언들을 종합해봐도 관저에는 별도의 공식 집무실이라고 할 만한 장소는 없다고 보는 것이 합리적 결론이다. 최근 한겨레에 보도된 바에 따르면 대통령이 평일에도 공식 업무가 없는 날에는 주로 관저에 머문다고 하더라. 이게 어떤 의미겠냐. 한마디로, 공식 일정이 없으면 관저에서 편하게 쉬면서 급한 보고나 받고 처리한다는 의미로 들린다. 안타까운 현실이지만, 요즘 세상에 대한민국에서 말단 직원도 휴가를 가면 전화기를 꺼놓지 못한다. 회사에서 일과 관련된 전화가 오면 받아서 처리해야 하지 않나. 그래도 그 직원이 정상적으로 '집무'했다고 주장할 수는 없다. 쉬는 중에 급한 전화가 와서 통화하고 대응한 것이 어떻게 정상적인 집무이겠는가. 대통령의 세계가 구체적으로 어떤지는 모르지만, 이 정도 선에서 업무 처리한 것을 '정상적 집무'라고 주장하는 것은 말이 안 된다.

박주민　　　세월호 참사가 급히 처리해야 할 업무로 판단되지 않은 게 아닐까?

김성훈　　　대통령이 그날 무슨 판단을 했는지 알기 위해서라도 그의 생각을 파헤쳐보고 싶기는 하지만, 범상치 않은 사람이라 우리로서는 따라가기 힘들다.

박주민　　　최근 김조사관은 한 언론과의 인터뷰에서, 대통령이 세월호 7시간에 과연 무엇을 했을까보다는 실제적으로 구조를 위해 아무엇도 하지 않은 것이 문제이고, 거기에 집중해야 한다고 말했다. 앞서 조동찬 기자도 그와 같은 취지로 이야기했고, 이재명 시장 또한 그런 말씀을 했다. 이 부분에 대해 좀 더 설명해달라.

단순 사고에서 참사로 변하가는 과정을 찬찬히 들여다볼 수밖에 없다

김성훈　　　　진상 규명의 측면에서 보면, 정부가 처음 사고 신고를 받은 때부터 청와대에 보고될 때까지의 과정, 그리고 단순 사고에서 참사로 변해가는 과정을 찬찬히 들여다볼 수밖에 없다. 매 순간 청와대가 과연 종합적인 컨트롤 타워로서 무슨 일을 했는가, 또 무슨 일을 했었어야 했는가, 그리고 왜 해야 할 일을 하지 않았는가를 명확히 밝히는 것이 무엇보다 중요하다. 그 7시간 동안 대통령 개인이 해야 할 일을 하지 않고 무엇을 하고 있었는지는 둘째 문제이다. 마땅히 했었어야 하는 행위들이 존재한다는 사실이 중요하다.

　그날 국가안보실에서 해경과의 핫라인을 통해 현지 영상을 보내달라고 수차례 요구했다. 2014년 세월호 국정조사 당시 공개된 사실이다. VIP 관심 사항이라며 현지 영상을 빨리 보내달라고 해경에 수차례 지시했다. 그런데 정작 현지 영상이 오전 10시 15분 무렵부터 YTN에 생중계되고 있었고, 10시 30분이 되면 세월호가 완전 전복된 현장 상황이 전국적으로 보도된다. 관저가 아무리 사적 영역이라 해도 대통령 혼자만 있는 것이 아니다. 문서를 수발하고 전화를 받는 행정관이나 비서들이 있고, 대통령의 식사를 담당하는 조리사도 근무한다. 물론 TV도 있다. 관저 내 근무자들이 아무도 TV를 보지 않았을까. 만약 아

　　　　　　　　　　　　　　　　　우리의 관심사는 철저한 검증이다

무도 TV를 보지 않았다고 하더라도 해경이 국가안보실에, 소위 말하는 지하 벙커에 현지 영상을 전송하기 시작한 시각이 오전 11시 10분이었다.

게다가 가장 중요한 사실은, 10시 30분 이후 청와대 상황실은 해경으로부터 올라오는 보고를 통해 완전 전복된 세월호에 여전히 승객들이 많이 남아 있다는 사실을 분명히 알고 있었다. 그러면 이게 VIP 관심 사항이었다고 한다면, 아무리 늦어도 11시에는 대통령이 벙커에 나타났어야 하는 것이 아닌가. 배가 이미 완전 전복된 다음이기는 해도, 전송된 영상을 확인했다면 적어도 그때라도 벙커에 모습을 드러냈어야 했다. 그런데 하루 종일 관저에서 나오지 않다가 오후 5시 15분에 비로소 중대본에 머리 부스스한 모습으로 나타나서 상황에 맞지 않는 소리나 했다.

더욱 황당한 것이, 대통령이 중대본으로 향하기 직전인 오후 5시 11분 정무수석실이 잔류자 구조 방안을 마련해 서면보고를 했다고 해명했다. 이것이 사실이라면 정무수석실은 대통령에게 세월호 참사 현장 상황과 잠수 방식 등에 대해 상세히 설명해야 했을 것이다. 잔류자를 구조하는 방안에는 어쩔 수 없이 전문적인 견해가 들어가야 하기 때문이다. 이러한 상황을 감안해 대통령의 중대본 발언을 다시 곱씹어 보면 도무지 이해가 되지 않는다. 정무수석실에서 과연 잔류자 구조 방안을 마련하기는 했던 것일까. 아니면 실제 보고는 했을까. 그것도 아니라면, 대통령은 잔류자 구조 방안을 보고받으면서 무슨 생각을 한 것일까. 이러한 앞뒤 설명이 정말 납득이 되지 않는다. 그래서 세월호 가족들이 더욱 힘들어하는 것 같다.

한 가지 더 지적하자면, 대통령이 경호실에 중대본을 방문할 준비를 하라고 지시한 사실이 2014년 1차 해명에는 없다가 2014년 2차 해명부터 추가되었다. 처음 해명에는 없었던 사실이 갑자기 생겨난 것이다. 게다가 경호실이 대통령에게 중대본 방문 준비 완료를 보고한 시각이 2014년 2차 해명에는 오후 4시 반이었는데 2015년 해명에 와서는 4시로 바뀌었다가, 2016년 해명에는 도로 4시 반으로 바뀌었다. 이 시각이 왜 바뀌었을까를 생각해보면 짐작되는 바가 없지 않다. 준비 완료 보고가 오후 4시에 되었다면, 중대본으로 출발하기까지 다시 1시간 15분이나 걸린 셈이다. 그런데 준비 완료 보고가 오후 4시 30분으로 바뀌면 이 간격이 45분으로 줄어드는 효과가 발생한다. 출발 준비가 완료되었는데 1시간 15분 동안 도대체 또 무엇을 하고 있었는지가 논란거리가 될 여지가 생기니까 이 간격을 조금이라도 줄여보려고 한 것은 아니었을까. 어디까지나 추정이다.

박주민 　　가족들이 참사 당일 대통령을 비롯한 청와대가 적절히 대응했는지에 대해 조사해야 한다고 특조위에 신청했을 때, 보수 단체와 보수 언론에서 심한 공격을 퍼부었다. 특조위도 청와대에 대한 조사 개시를 결정한 다음에 그들에게 엄청난 공격을 받았다. 어버이연합 같은 단체에서 반대 집회와 시위를 계속 벌였고, 언론들도 차가운 반응을 보였다. 그 당시 특히 여당 의원들이 특조위를 공격하는 발언을 멈추지 않았다.

김성훈　　이미 언론에 다 보도가 된 내용이다. 당시 우리가 사무실에서 근무할 때 보면 밖에서 시위하는 소리가 하루도 그치지 않았다. 여당 국회의원들도 특조위를 향해 '세금 도둑' '호의호식하려고 모인 탐욕의 결정체'라고 비난하며 폄하했다. 특조위가 출범하는 과정에서도 여당 추천 위원들이 파견 나온 공무원들을 돌려보내는 등 흠집 내기와 딴지 걸기는 끝이 없었다. 이러한 상황에서 언론들도 특조위가 무엇을 밝혀낼 수 있겠느냐며 회의적인 내용의 기사를 쏟아냈다.

박주민　　특조위에서 세월호 참사 당일 대통령의 행적과 청와대의 대응에 대해 본격적인 조사가 이루어졌더라면, 비선 실세의 국정 농단이 그렇게 확대되거나 나라가 이 지경까지 오지 않았을 것이라고 말씀하는 국민들이 많다. 조사관으로서 그 부분에 대해서는 어떻게 생각하나?

김성훈　　사실 현실적으로 청와대에 대한 직접적 조사는 어려운 조건이었다. 청와대에서 완강히 반발했기 때문이다. 2015년 11월에 특조위 전원위원회에서 청와대에 대한 조사가 의결되고 나서 우리가 조사에 나선 것은 2016년 1월경이었다. 청와대 대통령비서실과 국가안보실, NSC 사무처 등 여러 곳에 공문을 보내고, 조사 방안을 고민했었다. 그 일환으로 우리가 2016년 6월 가토 다쓰야 산케이신문 서울지국장의 증거 기록과 공판 기록을 확보하기 위해 서울중앙지방검찰청을 실지 조사하겠다고 요청했을 때, 검찰은 전면 거부했다. 검찰은 해당 사건이 세월호 참사와 관련이 없다는 이유를 제시했지만, 솔직히 납득이 되지 않았다. 애초에 가토 지국장이 제기한 문제가 세월호 참사 당일 대통령의 공백과 밀접하게 관련되어 있다는 사실을 모르는 국민이 어디 있나. 우리는 그 수사 및 재판 기록에 세월호 참사 당일 대통령의 행적이 구체적으로 담겨 있을 가능성이 있다고 판단했다.

당시에는 다들 최순실과 정윤회의 존재가 하나의 설에 불과했고 '설마 이게 사실일까' 정도로 생각했던 것 같다. 만약에 특조위에서 당시 그런 부분에 대한 조사가 이루어졌더라면, 비선의 존재가 좀 더 일찍 밝혀질 수 있지 않았을까 생각한다. 그리고 이를 확인했다면 세월호 참사 당일 대통령과 청와대의 대응이 적절했는지에 대한 특검을 별도로 요청했을 가능성이 높다. 청와대는 지금 대통령이 그날 아무것도 하지 않았다는 것을 무슨 자랑이라도 하듯 홈페이지에 버젓이 내놓고 있다. 정상적인 국민이라면 대통령이 참사 당일 아무것도 하지 않은 것이 어떻게 자랑이 될 수 있는지 의아할 것이다. 특조위에서 조사가 이루어졌더라면, 지금 같은 황당한 국면은 막을 수 있지 않았을까 싶다.

박주민　　　　세월호 7시간과 관련된 질문을 좀 더 해보겠다. 조사관으로서 이 부분에 대해 의미 있는 자료를 확보하지 못했다 하더라도 조사 시도는 계속했었기 때문에 물어보는 것이다. 지금 언론에서는 그당시 대통령의 행적에 대해 여러 가정을 이야기하고 있다. 굿이나 제사 같은 종교적 행사를 했을 것이라는 의혹에서부터 불면증에 시달리는 통에 수면 유도를 하는 약품에 의지해 수면을 취하고 있었거나 미

　　　　　　　　　　　우리의 관심사는 철저한 검증이다

용 시술을 하고 있었을 것, 또 본인에게 중요해 보이는 사안을 제삼자에게 상담하고 있었다는 등 무수하다. 김조사관은 어느 쪽 시나리오가 좀 더 타당해 보이는가. 사실 그런 가정들을 생각해본 적 있는가?

김성훈　　　생각해보지 않았다면 거짓말이다. 청와대가 홈페이지에 올려놓은 해명 자료로는 어느 것 하나도 단정하기 어렵다. 우리가 우선 주목하는 점은 청와대가 팩트라며 내놓은 자료가 아직 철저한 검증을 거치지 않은 상태라는 것이다. 그것이 우리의 첫 번째 관심사다. 일단 그부터 샅샅이 검토된 뒤에야 다음 단계로 넘어갈 수 있지 않을까 생각한다. 당연히 언론에서는 참사 당일 실제로 대통령이 무엇을 했는지에 관심이 클 수밖에 없는 상황이다. 그런데 조사관의 입장에서는 청와대가 하나하나 내놓는 자료를 철저히 검증해서 그것이 왜 거짓이고 얼마나 허황한지를 국민들 앞에 상세히 보고하는 것이 우선이다. 이 측면에서 몇 가지 국민들에게 이야기할 것이 있다.

　청와대가 2016년 12월까지 참사 당일 대통령의 행적과 관련해 제출한 자료는 네 가지가 있다. 첫 번째, 2014년 8월 13일 청와대가 국회 세월호 국정조사특위 여당 간사였던 조원진 의원에게 제출한 세월호 참사 당일 '대통령에 대한 보고 및 대통령의 조치 사항'이라는 시간표이다. 두 번째, 2014년 10월 28일 청와대가 국회 운영위원회의 청와대 국정감사를 앞두고 김재원 의원에게 제출한 '대통령에 대한 보고 및 지시·조치 사항'이다. 세 번째, 녹색당과 투명사회를 위한 정보공개센터 등이 서울행정법원에 낸 정보공개거부처분 취소 소송 과정에서 청와대가 법원에 제출한 '4·16 세월호 사고 당일 시간대별 대통령 조치 사항'이다. 다만 이 자료는 2015년 8월 20일에 녹색당 등이 연 기자회 견과 보도자료에서 공개되었지만, 재판 과정에서 청와대가 정확히 언제 제출했는지는 확인되지 않았다(박영대 '대통령 '7시간', 어떻게 볼 것인가?' 참조). 그리고 네 번째, 2016년 11월 19일 청와대가 홈페이지에 '세월호 당일 이것이 팩트입니다'라는 제목으로 공개한 세월호 참사 당일 대통령 보고·지시 시간표이다. 이 네 자료를 비교해보면 청와대의 해명이 많은 부분 의심스럽다는 생각이 자연스럽게 들 수밖에 없다.

먼저 첫 번째 자료와 네 번째 자료를 중심으로 비교해보겠다. 최순실 게이트 국면에서 세월호 7시간에 대한 국민적 의혹이 갈수록 강해지면서 이제 청와대로서는 대통령이 '이런 것들을 더 했어'라는 식으로 참사 당시 대응한 행동의 수를 늘릴 수밖에 없는 상황이 되었다. 그래서 자료들을 유심히 들여다보았다. 첫 번째 자료와 현재 청와대 홈페이지에 공개되어 있는 네 번째 자료 사이의 차이점을 분석해보았더니, 네 군데 지점에서 대통령의 행적이 바뀌었다는 것이 발견되었다. 첫 번째 자료에는 당일 오전 10시 15분에 국가안보실에서 유선 보고를 했다고 되어 있다. 이것은 국가안보실에서 대통령에게 전화로 보고를 했다는 말이다. 전화를 건 쪽이 국가안보실이라는 것이다. 그런데 지금 청와대 홈페이지에 접속해보면 알 수 있듯이 이것이 대통령이 먼저 전화한 것으로 바뀌어 있다. 대통령이 전화를 걸어 지시를 내렸다는 것이다. 10시 22분도 마찬가지이다. 첫 번째 자료에는 국가안보실이 먼저 전화한 것으로 되어 있다. 그런데 지금 네 번째 자료에는 대통령이 전화한 것으로 바뀌어 있다. 오후 2시 11분과 2시 57분의 전화 통화의 경우도 마찬가지이다. 여기에서도 처음에는 국가안보실이 전화를 했다고 나온 것이 이제 와서 대통령이 전화한 것으로 바뀌어 있다.

둘 중 어느 쪽이 진실인지를 알기 위해선 물론 양쪽 모두 검증해봐야 한다. 하지만 두 자료 중 구태여 하나를 고르자면, 맨 처음 공개된 2014년 해명이 좀 더 신빙성이 높아 보인다. 현재 국면에서는 대통령이 어떻게든 '뭔가를 더 했다'라는 식으로 적극적 대응을 한 모습을 보이려 할 것이라 추정되기 때문이다. 그런 전략상 대통령 자신이 하지도 않은 전화를 했다고 주장하고 있는 것이 아닌지 의심된다.

또 한 가지, 흥미로운 점이 있다. 청와대 홈페이지에 공개된 '세월호 당일 이것이 팩트입니다' 시간표를 보면 오후 2시 50분에 대통령이 국가안보실장에게서 전화 보고를 받았다고 나온다. 그러니까 대통령이 중대본으로 출발하기 직전이다. 이때가 어떤 상황이냐 하면, 오후 1시 이후 총 370명이 구조되었다고 대통령에게 잘못 보고해놓고도 바로 바로잡지 않은 상황이다. 해경 본청이 오후 1시 4분 풍문을 확인하지 않은 채 구조자 수를 잘못 파악해 청와대에 보고를 한 것이다. 그러자 오후 1시 7분부터 1시 13분 사이에 정무수석실과 국가안보실이 신이 나서 대통령에게 바로 보고를 했다. 그 후 1시 반에 다시 해경 본청으로부터 잘못된 보고였다고 확인받았는데도 그것을 곧바로 대통령에게 알리지 않았다. 그렇게 시간을 끌다가 오후 2시 50분이 되어서야 '190명이 추가 구조되어 현재까지 총 370명이 구조되었다는 보고는 잘못된 것이다'라고 정정 보고를 한 것이다. 그렇게 유선 보고를 했다고 한다. 말 그대로 김장수 국가안보실장이 직접 박대통령에게 전화를 했다고 홈페이지에 나와 있다.

대통령은 그 전화를 받고 나서 7분 후 지시를 내렸다. 오후 2시 57분에 대통령이 국가안보실장에게 전화를 걸어 구조 인원 혼선에 대해 질책을 하고, 통계를 재확인하라고 지시를 했다고 한다. 이 지점이 흥미롭다. 여러분도 상상을 한번 해보라. 국가안보실장이 관저에 있는 대통령에게 오후 2시 50분에 직접 전화로 보고했다. 그런 정정 보고를 받았으면 대통령이 바로 그 자리에서 질책을 했어야 하지 않았을까. '아니, 왜 자꾸 통계가 틀리는 것인가' 이렇게 따졌어야 맞다. 그런데 대통령은 7분 지나서 국가안보실장에게 전화를 했다.

박주민　　끊고 나서 생각해보니까 '한마디 해야겠어, 다시 전화를 해야겠어' 싶었던 거지.

김성훈　　7분 동안! 7분이나 생각한 것이다. 전화를 끊고! '어, 그래?' 7분 있다가 '야, 그런데 왜 자꾸 틀려' 이렇게 된 것이다. 자, 그럼, 이것이 무엇을 말해주는가. 과연 오후 2시 50분에 국가안보실장이 대통령과 직접 전화 통화를 했을까. 물론 정신세계가 사람마다 다를 수 있지만 상식선에서 한번 생각해보자. 국가안보실장이 대통령과 직접 전화 통화를 했다면, 잘못된 보고를 했다는 말을 듣는 순간 지시가 바로 그때 나오지 않았을까. 대통령이 7분 있다가 다시 전화해서 구조 혼선을 지적할 필요가 없는 것이다. 그렇다면 다음과 같이 추정할 수

　　우리의 관심사는 철저한 검증이다

있다. 누군가가 대통령 대신 국가안보실장의 전화를 받았고, 그것을 다른 일을 하고 있던 대통령에게 전달했으며, 그러고 나서 대통령은 한참 생각을 하다가 7분 후에 전화를 했다고. 이렇게밖에 추정할 수 없다.

청와대는 서면보고와 유선보고를 20여 차례나 했다며 자랑처럼 얘기하고 있는데, 그 보고 내용과 목록을 일절 공개하지 않고 있다. 주장만 있고 근거는 없는 셈이다. 한마디로 하나하나 다 검증해야 할 대상이다. 과연 대통령이 직접 보고를 받은 것인가. 청와대는 누구에게 서면을 전달했나. 청와대는 실제 누구와 전화 통화를 했나. 김장수 실장은 정말 대통령에게 전화를 한 것이 맞나. 박근혜 대통령과 직접 전화를 주고받았나. 박대통령으로부터 직접 지시를 받은 것이 맞나. 하나하나 검증해야 할 대상이다. 청와대가 지금 홈페이지에 공개해놓은 '세월호 당일 이것이 팩트입니다' 자료는 아직 검증되지 않았다.

세월호 선체는 전 국민에게
잊지 말아야 할 존재로 인양되어야 한다

박주민   방금 김조사관이 분석한 내용만 들어봐도 상식과 맞지 않는 점들이 많다. 특히 청와대가 초기에 제출한 자료와 지금 홈페이지에 올려놓은 해명 사이의 모순, 달라진 부분, 대통령 전화 지시의 실체와 진실 등은 추가 자료를 제출받아 명확히 조사되어야 할 필요가 있다. 오늘 이것도 우리는 숙제로 받아들인다. 일찍 대담 장소에 나와 오래 기다렸는데 정작 이번 대담에 허용된 시간이 길지 않다. 좀 허탈

할 것 같다. 앞으로 세월호 특조위가 다시 출범하게 된다면 어떤 점이
개선되고 보강되어야 하는지 생각을 말씀해달라.

김성훈　　　분위기가 막 달아오르기 시작했는데 시간이 부족해 끝
마치자고 하니 아쉽다. 어쨌든 마무리 멘트를 하자면, 우리가 힘들게
조사했던 과정이 언론에 이미 여러 차례 보도된 상태다. 사실상 범죄
를 저지른 주체라고 할 수 있는 해경을 조사하는 데도 많은 어려움을
겪었다. 아직까지 세월호 참사 당시 수색 과정이 고스란히 담긴 100만
개 넘는 파일이 해경 본청에 남아 있다. 참사 당시의 무선 교신기록,
TRS(주파수공용통신) 파일을 포함해 군과 해경이 교신한 기록, 군 내부
교신 기록 등이 진상 규명의 열쇠가 될 수 있다. 해경의 교신 기록도 중
요하지만, 해군과 공군도 세월호 참사 당일 구조 지원을 한 주체이므
로 그들이 당시 해경으로부터 어떠한 정보를 전달받았고, 어떻게 협조
했는지 확인하는 것 역시 매우 중요하다.

　그런데 이러한 기록들이 국가 안보라는 명분에 가로막혀 조사 기관
에게 제공되지 않았다. 물론 국가 안보가 중요하지 않다는 말이 아니
다. 하지만 진상 규명이라는 예외적인 경우에 한해 공신력을 가진 국
가 조사 기관에게 관련 기록을 제공하는 것이 국가 전체의 이익에 부
합한다고 본다. 이를 확보하지 못해 조사관들은 한 달 동안 농성하다
시피 하며 생활한 적이 있다. 강제 수사권이 없는 조사라는 것은, 여기
와 있는 많은 기자들도 알겠지만, 기자의 취재 활동과 하등 다른 바가
없다. 양심에 호소할 수밖에 없다. 이번에 조사관으로 활동하면서 강

　　　　　　　　　　　　　　　우리의 관심사는 철저한 검증이다

제 수사권이 없는 조사 기관으로서 한계를 절감했다. 특조위가 나중에 어떤 형태로든 다시 꾸려져야 할 텐데, 그때는 반드시 강제 수사권이 주어져야 한다. 이 한 가지, 꼭 함께 개선하고 싶다.

또 지금 정부가 인양을 할지 안 할지 솔직히 잘 모르겠지만, 선체에 대한 조사는 세월호가 물속에 있든, 물 밖으로 올라오든 어떤 형태로든 간에 반드시 이루어져야 한다. 선체를 인양하는 주체가 누구여야 하는가, 박근혜 정권에 그 일을 맡겨둘 수 있는가 하는 문제가 당연히 제기될 수밖에 없다. 현재 국면에서 보면 박근혜 정부에게 세월호 선체 조사를 맡겨둘 수는 없는 노릇이다. 세월호 선체는 반드시 인양되어야 되는데, 당연히 증거물로서 인양되어야 하고, 전 국민에게 반드시 잊지 말아야 할 존재로 인양되어야 하고, 자기 역할을 다해야 할 존재로 인양되어야 한다. 세월호 선체는 이 세 가지 의미로 인양되어야 한다. 그리고 세월호가 인양되기 전에 반드시 독립 조사 기구가 존재해야 한다. 지금이 바로 적기라고 생각한다. 가급적 빠른 시일 안에 세월호 특조위가 다시 독립 기구로 만들어졌으면 하는 소망을 전하며 마무리하겠다.

• TRS 교신기록: 세월호 특조위는 2016년 5월 말 해경 본청에서 TRS 교신기록을 발견했다. 발견한 하드디스크에는 2014년 4월 15일~12월 말에 저장된 100만 개 넘는 파일이 있었다. 특조위는 전체 파일에 대한 실지 조사를 요구했지만, 해경은 2014년 4월 15일~5월 2일 2주일 분량에 해당하는 파일

7000여 개만 제공했다. 특조위는 이 파일들을 분석한 결과 해경이 세월호의 식당 칸에 공기를 주입했다거나 무인로봇이 선체에 진입했다는 등의 발표가 거짓이었음을 밝혀냈다.

박주민　　　한 가지, 궁금한 점이 있다. 많은 이들이 지금 모여 있는 세월호 특조위 후속 모임을 돕고 싶어 한다.

김성훈　　　우리가 지금 적극적인 모금 활동을 하고 있지 않다. 조사관들 각자 실업급여를 받고 있고, YMCA의 협조로 사무실도 무상으로 사용하고 있는 상황이라 당장 금전적인 도움이 필요하지는 않다.

박주민　　　적극적인 모금 활동은 하지 않는다고 하지만, 말씀을 듣는 순간 바로 도움이 필요하다는 느낌이 강하게 든다. 조사관들이 여러 활동을 하는 데 도움을 줄 수 있는 방법을 더 찾아봐야겠다.

김성훈　　　우리가 추후 도움이 필요하게 되면 공지를 하겠다.

박주민　　　꼭 알려주기 바란다. 대담에 긴 시간을 할애하지 못해 죄송하다. 국정조사나 특검의 수사 진행을 보고 오늘 제시한 숙제를 다시 한 번 점검해보는 시간을 갖도록 하겠다. 오늘 고생했다.

우리의 관심사는 철저한 검증이다

2014년 해명 1. 2014년 8월 13일 조원진 의원이 청와대로부터 제출받아 공개한 세월호 참사 당일 '대통령에 대한 보고 및 대통령의 조치 사항'(7·7 운영위: 2014년 7월 7일 국회 운영위원회 업무보고, 7·10 특위: 2014년 7월 10일 국정조사특별위원회 기관보고)

시간		대통령의 대한 보고 및 대통령의 조치 사항	비고
9:24	보고	안보실, 휴대폰 문자 상황 전파 - '474명 탑승 여객선 침수 신고 접수, 확인 중'	7.7 운영위 7.10 특위
10:00	보고	안보실 서면 보고 ① (안보실장→대통령) - 구조 인원 수, 구조 세력 동원 현황	7.10 특위
10:15	보고 및 지시	안보실 유선 보고 ① + 대통령 지시 '단 한 명의 인명 피해도 발생하지 않도록 할 것' '여객선 내 객실 등을 철저히 확인하여 누락 인원이 없도록 할 것'	7.7 운영위 7.10 특위
10:22	보고	안보실 유선 보고 ②	
10:30	지시	대통령, 해양경찰 청장에게 유선 지시 '특공대를 투입해서라도 인원 구조에 최선을 다할 것'	7.7 운영위 7.10 특위
10:36	보고	비서실 서면 보고 ① (정무수석실→대통령)	
10:40	보고	안보실 서면 보고 ②	
10:57	보고	비서실 서면 보고 ② (정무수석실→대통령)	
11:20	보고	안보실 서면 보고 ③	
11:23	보고	안보실 유선 보고 ③	
11:28	보고	비서실 서면 보고 ③ (정무수석실→대통령)	
12:05	보고	비서실 서면 보고 ④ (정무수석실→대통령)	

12:33	보고	비서실 서면 보고 ⑤ (정무수석실→대통령)	
13:07	보고	비서실 서면 보고 ⑥ (정무수석실→대통령) – 370명 구조, 2명 사망	
13:13	보고	안보실 유선 보고 ④ – 190명 추가 구조, 현재까지 총 370명 구조	7.10 특위
14:11	보고	안보실 유선 보고 ⑤	
14:50	보고	안보실 유선 보고 ⑥ – 190명 추가 구조 인원은 잘못된 것으로 정정 보고	7.10 특위
14:57	보고	안보실 유선 보고 ⑦	
15:30	보고	비서실 서면 보고 ⑦ (정무수석실→대통령) – 구조 인원 166명으로 정정(사망자 2명 포함)	7.10 특위
16:10	보고	비서실장 주재 수석비서관 회의	
17:11	보고	비서실 서면 보고 ⑧ (정무수석실→대통령)	
17:15	지시	대통령 중앙재난안전대책본부 현장 방문 및 지시 '많은 승객들이 아직 많이 빠져나오지 못한 것으로 알고 있음. 생존자를 빨리 구출할 것' * 비서실장, 중대본 방문 수행시 구두 보고	7.10 특위
20:06	보고	비서실 서면 보고 ⑨	
20:50	보고	비서실 서면 보고 ⑩	
22:09	보고	비서실 서면 보고 ⑪	
4월 17일 **09:00~** **20:00**		대통령 진도 현장 방문 – 14:00 진도 구조 현장 방문 / 16:20~17:00 실내체육관 가족 방문	

■ 출처: 프레시안 2014.08.13.

우리의 관심사는 철저한 검증이다

2014년 해명 2. 2014년 10월 28일 청와대가 국회 운영위원회 국정감사를 앞두고 김재원 의원에게 제출한 세월호 참사 당일 '대통령에 대한 보고 및 대통령의 지시 · 조치 사항'

시간	대통령에 대한 보고 및 대통령의 지시 · 조치 사항	비고
09:24	안보실, 핸드폰 문자 상황 전파 – '474명 탑승 여객선 침수 신고 접수, 확인 중'	7.7 운영위, 7.10 특위
10:00	안보실 서면 ①보고(안보실→VIP) —구조 인원 수, 구조 세력 동원 현황	7.10 특위
10:15	VIP, 안보실장에 전화 / 안보실 유선 ①보고 – '단 한명의 인명 피해도 발생하지 않도록 할 것 / 여객선 내 객실 등을 철저히 확인하여 누락 인원이 없도록 할 것'	7.7 운영위, 7.10 특위
10:22	VIP, 안보실장에 전화 / 안보실 유선 ②보고 – 안보실장에 다시 전화하여 샅샅이 뒤져 철저히 구조할 것 재 차 강조	
10:30	VIP, 해경청장에 전화 · 지시 – 안보실장에 지시한 내용에 더하여 '해경 특공대를 투입해서라도 인원 구조에 최선을 다할 것'	7.7 운영위, 7.10 특위
10:36	비서실 서면 1보고(정무수석실→VIP)	7.10 특위
10:40	안보실 서면 ②보고(안보실→VIP)	
10:57	비서실 서면 2보고 (정무수석실→VIP	
11:20	안보실 서면 ③보고(안보실→VIP)	
11:23	안보실 유선 ③보고(안보실장→VIP)	
11:28	비서실 서면 3보고(정무수석실→VIP)	

12:05	비서실 서면 4보고(정무수석실→VIP)	
12:33	비서실 서면 5보고(정무수석실→VIP)	
12:50	복지수석, VIP께 전화 보고 (기초연금 관련 국회 상황 및 후속 조치 계획)	
13:07	비서실 서면 6보고(정무수석실→VIP) – 370명 구조, 사망 2	
13:13	안보실 유선 ④보고(안보실장→VIP) – 190명 추가 구조, 현재까지 총 370명 구조	7.10 특위
14:11	VIP, 안보실장에 전화 / 안보실 유선 ⑤보고 – 구조 진행 상황 점검 및 현장 상황 파악	
14:50	안보실 유선 ⑥보고 – 190명 추가 구조 인원은 잘못된 것으로 정정 보고	7.10 특위
14:57	VIP, 안보실장에 전화 / 안보실 유선 ⑦보고 – 구조 인원 통계 혼선 관련 재차 확인	
15:00	VIP, 중대본 방문 준비 지시	
15:30	비서실 서면 7보고(정무수석실→VIP) – 구조 인원 166명으로 정정(사망자 2명 포함) – 비서실장, 실장 주재 수석비서관 회의 소집 지시	7.10 특위
16:10	비서실장 주재 수석비서관 회의	7.10 특위
16:30	경호실, VIP께 중대본 방문 준비 완료 보고	
16:30	중대본 구조 수 오류 정정 브리핑 (중대본, 15:30 구조 인원 착오 사실 旣 발표)	
17:11	비서실 서면 8보고(정무수석실→VIP)	

17:15	VIP 중대본 현장 방문 및 지시	7.10 특위
	– '지금 가장 중요한 것은 생존자를 빨리 구출하는 것이니	*비서실장,
	총력 기울일 것'	중대본 방
	– '일몰까지 시간이 없음.	문 수행시
	생사를 확인하고 최대한 구출하는 데 힘 쏟기 바람'	구두 보고
	– '(저도) 지금 가만히 있을 수 없어서 나왔는데, 가족들 심정은	
	오죽하겠나' '가족들에게 어떻게 돼가고 있는지	
	설명도 드리고 세심하게 준비를 해달라'	
20:06	비서실 서면 9보고(정무수석실→VIP)	
20:50	비서실 서면 10보고(정무수석실→VIP)	
22:09	비서실 서면 11보고(정무수석실→VIP)	
22:20	국무총리 주재, 관계 부처 장관회의 개최	
4월 17일 09:00~ 20:00	VIP 진도 현장 방문 14:00 진도 구조 현장 방문/ 16:20~17:00 실내체육관 가족 방문 – '마지막 한 분까지 구조에 최선을 다할 것', '원인 규명, 책임 자 엄벌' 약속 – '상황판, TV 모니터 설치, 유가족에 명단 공개 신속히 제공 지시'	

■ 출처: 프레시안 2014.10.28.

2015년 해명. 녹색당 등이 법원에 낸 정보공개거부처분 취소 소송 과정에서 청와
대가 법원에 제출한 '4 · 16 세월호 사고 당일 시간대별 대통령 조치 사항'

시간	4 · 16 세월호 사고 당일 시간대별 대통령 조치 사항
10:00	안보실 보고(구조 인원 수, 구조 세력 동원 현황)
10:15	대통령, 안보실장에게 전화/안보실 보고 ('단 한 명의 인명 피해도 발생하지 않도록 할 것. 여객선 내 객실 등을 철저히 확인하여 누락 인원이 없도록 할 것')
10:22	대통령, 안보실장에게 전화/안보실 보고 (안보실장에게 다시 전화하여 샅샅이 뒤져 철저히 구조할 것 재차 강조)
10:30	대통령, 해경청장에 전화 · 지시 (안보실장에 지시한 내용에 더하여 '해경 특공대를 투입해서라도 인원 구조에 최선을 다할 것')
10:36	비서실 보고
10:40	안보실 보고
10:57	비서실 보고
11:20	안보실 보고
11:23	안보실 보고
11:28	비서실 보고
12:05	비서실 보고
12:33	비서실 보고
12:50	대통령 복지수석에 전화(기초연금 관련 국회 상황 파악 및 후속 대책 조치)
13:07	비서실 보고(370명 구조, 사망 2)

우리의 관심사는 철저한 검증이다

13:13	안보실 보고(190명 추가 구조, 현재까지 총 370명 구조)
14:11	대통령, 안보실장에 전화/안보실 보고 (구조 진행 상황 점검 및 현장 상황 파악)
14:50	안보실 보고(190명 추가 구조 인원은 잘못된 것으로 정정 보고)
14:57	대통령, 안보실장에게 전화/안보실 보고 (구조 인원 통계 혼선 관련 재차 확인)
15:00	대통령, 중대본 방문 준비 지시
15:30	비서실 보고(구조 인원 166명으로 정정[사망자 2명 포함])
16:00	경호실, 대통령께 중대본 방문 준비 완료 보고
16:30	중대본 구조 수 오류 정정 브리핑 (중대본, 15:30 구조 인원 착오 사실 旣 발표)
17:11	비서실 보고
17:15	대통령, 중대본 현장 방문 및 지시 ('지금 가장 중요한 것은 생존자를 빨리 구출하는 것이니 총력 기울일 것' '일몰까지 시간이 없음. 생사를 확인하고 최대한 구출하는 데 힘 쏟기 바람' '(저도) 지금 가만히 있을 수 없어서 나왔는데, 가족들 심정은 오죽하겠나' '가족들에게 어떻게 돼가고 있는지 설명도 드리고 세심하게 준비를 해달라')

■ 출처 : 녹색당 홈페이지 중 2015년 8월 20일
　　　　'조선시대만도 못한 청와대, 대통령 보고, 지시 기록은 반드시 남겨야 한다'

2016년 해명. 2016년 11월 19일 청와대가 홈페이지에 공개한 '세월호 당일 이것이 팩트입니다'

시간	세월호 당일 이것이 팩트입니다
09:24	안보실, 문자 상황 전파('474명 탑승 여객선 침수 신고 접수, 확인 중')
09:53	대통령, 외교안보수석실로부터 서면보고 받음(국방 관련)
10:00	대통령, 국가안보실로부터 종합 서면보고 받음 (구조 인원 수, 구조 세력 동원 현황)
10:15	대통령, 국가안보실장에게 전화(상황 보고 청취 후 지시 사항 하달. '단 한 명의 인명 피해도 발생하지 않도록 할 것. 여객선 내 객실 등을 철저히 확인하여 누락 인원이 없도록 할 것')
10:22	대통령, 국가안보실장에게 전화 (추가 지시 사항 하달. '샅샅이 뒤져서 철저히 구조하라'고 강조)
10:30	대통령, 해양경찰청장에게 전화 지시 ('특공대를 투입해서라도 인원 구조에 최선을 다할 것')
	대통령의 지시 내용 민경욱 대변인 언론에 브리핑
10:36	대통령, 정무수석실로부터 서면보고 받음(09:50 70명 구조)
10:40	대통령, 안보실로부터 서면보고 받음(10:40 106명 구조)
10:57	대통령, 정무수석실로부터 서면보고 받음 (476명 탑승, 10:40 133명 구조)
11:01	MBN '학생 전원 구조' 속보
11:04	YTN '학생 전원 구조' 보도
11:20	대통령, 안보실로부터 서면보고 받음(11:10 161명 구조)

우리의 관심사는 철저한 검증이다

11:23	대통령, 안보실로부터 유선보고 받음
11:28	대통령, 정무수석실로부터 서면보고 받음(477명 탑승, 11:15 161명 구조)
11:34	대통령, 외교안보수석실로부터 서면보고 받음 (인도네시아 대통령 방한 시기 재조정 검토)
11:43	대통령, 교육문화수석실로부터 서면보고 받음(자율형 사립고 관련 보고)
12:05	대통령, 정무수석실로부터 서면보고 받음(11:50 162명 구조, 1명 사망)
12:33	대통령, 정무수석실로부터 서면보고 받음(12:20 179명 구조, 1명 사망)
12:48	방송에선 '승객 대부분이 구조된 것으로 알려지고 있다' 계속되는 오보
12:50	대통령, 최원영 고용복지수석으로부터 10분간 유선보고 받음 (기초연금법 국회 협상 진행 상황 관련 긴급 보고)
13:07	대통령, 정무수석실로부터 서면보고 받음(13:00 370명 구조, 2명 사망)
13:13	대통령, 국가안보실장으로부터 유선보고 받음 (190명 추가 구조하여 현재까지 총 370명 구조하였다고 잘못 보고)
14:11	대통령, 국가안보실장에게 전화(구조 진행 상황 재확인)
14:50	대통령, 국가안보실장으로부터 유선보고 받음 (190명 추가 구조는 서해해경청이 해경 본청에 잘못 보고한 것으로 확인되었다는 정정 보고)
14:57	대통령, 국가안보실장에게 전화 (구조 인원 혼선에 대한 질책과 통계 재확인 지시)
15:00	대통령, 중앙재난안전대책본부 방문 준비 지시
15:30	대통령, 정무수석실로부터 서면보고 받음 (구조 인원 166명으로 정정[사망자 2명 포함])
15:42	대통령, 외교안보수석실로부터 서면보고 받음 (외교안보수석—주한일본대사 오찬 결과)

16:10	비서실장, 수석비서관 회의 주재
16:30	경호실, 대통령께 중앙재난안전대책본부 방문 준비 완료 보고
17:11	대통령, 정무수석실로부터 서면보고 받음(잔류자 구조 방안 등)
17:15	대통령, 중앙재난안전대책본부 방문 및 지시 ('남은 승객들이 아직 빠져나오지 못한 것으로 알고 있음. 생존자를 빨리 구출할 것')
20:06	대통령, 정무수석실로부터 서면보고 받음 (462명 탑승, 164명 구조, 4명 사망)
20:50	대통령, 정무수석실로부터 서면보고 받음(174명 구조)
22:09	대통령, 정무수석실로부터 서면보고 받음

우리의 관심사는 철저한 검증이다

대통령의 7시간 문제는 왜 부차적인가

: 김성훈

진행자의 질문에 답하는 형식으로 진행되는 대담의 특성상, 본래 국민들과 함께 나누고 싶었던 고민들이 충분히 전달되지 못한 것 같다. 내가 다시 던지고 싶었던 핵심적인 문제의식은 바로 '우리는, 무엇을 위해 진상을 규명하려고 하는가'였다. 이에 대한 답은 이미 국민들이 제시했다. 세월호 참사 이후 국민들은 '우리는 세월호 참사 이전처럼 살수 없다'고 외쳤다. 이는 무엇을 의미하는가. 바로 한국 사회의 근본적인 개혁을 요구하는 것이다.

이와 같은 국민들의 요구에 비추어보자면, 세월호 참사 진상 규명은 바로 근본적인 개혁에 앞서 수행되어야 할 선차적 과제이며, '대통령의 7시간'이라는 것도 수많은 진상 규명 과제 중 하나일 뿐이라는 사실을 재확인할 수 있다.

'대통령이 세월호 참사 당일 7시간 동안 무엇을 했느냐'라는 문제는 그래서 부차적이다. 오히려 대통령이 대형 재난에 맞서 마땅히 무엇을 해야 했는지, 대통령이 세월호 참사 둘째 날, 셋째 날, 그리고 그 후 피해자들과 국민을 위해 무엇을 해야 했는지가 더욱 중요하다.

대통령은 그날 무엇을 해야 했을까. 배수량 7000톤에 육박하는 거대한 선체가 아주 빠른 속도로 전복되던 그 순간, 대통령은 '단 한 명의 인명 피해도 발생하면 안 된다'는 하나 마나 한 소리가 아니라, 100톤급 해경정 한 척이 감당하기 어려운, 해경만으로는 감당하기 어려운 그 무엇을 찾아내어 구체적인 조치를 취했어야 마땅하다. 그것이 국민이 대통령에게 요구하고 위임한 역할 아니겠는가. 대형 해상 재난 앞에서 해군의 역할은 과거부터 강조되어왔다. 평시 군 통수권을 가진 대통령이 참모들과 함께 군 병력, 경찰력을 입체적으로 동원해 거대한 선체의 완전 침몰을 막고, 어둠에 갇혀 있던 우리 아이들을 구해냈어야 했다.

하지만 대통령은 7시간 동안 참사와 관련해 아무런 조치를 취하지 않았고, 심지어 아이들이 여전히 배 속에서 나오지 못하던 그날 밤, 다시 관저로 돌아가 다음날 아침까지 본관 집무실로 나오지 않았다.

대통령은 둘째 날 무엇을 해야 했을까. 첫째 세월호가 완전 침몰하지 않았던 그 시각, 대통령은 마땅히 원활한 구조를 위해 선체 부력을 유지할 수 있는 모든 대책을 강구했어야 했고, 둘째 피해자 가족을 위해 난민촌을 방불케 하던 진도체육관의 생활환경을 개선하기 위한 조치들을 취했어야 마땅했다. 하지만 우리 모두가 익히 알고 있는 것처럼, 대통령의 현장 방문 이후에도 구조 작전은 전혀 달라진 것이 없고, 국민을 상대로 한 정부의 거짓말은 여전했으며, 진도체육관의 사정도

우리의 관심사는 철저한 검증이다

전혀 나아지지 않았다.

　이 나라의 대통령만 그랬던 것이 아니다. 그의 밑에 있던 청와대는 피해자 가족들을 잠정적 범죄인 취급하며 진도체육관에 사복 차림의 정보과 형사들을 투입시켜 동향 보고를 받았고, 언론 보도에 개입해 여론을 호도했으며, 공권력을 동원해 진상 규명을 요구하는 국민들의 정당한 요구를 탄압하기에 급급했다.

　대통령 이하 청와대를 상대로 한 진상 규명은 마땅히 이와 같은 문제의식에서 진행되어야 한다. 그래야 비로소 '우리는 세월호 참사 이전처럼 살 수 없다'는 국민들의 절절한 외침을 실현할 수 있는 첫걸음을 내디딜 수 있다.

　우리 사회는 과연 세월호 참사 이후 무엇이 달라졌는가. 3년의 세월이 흘렀건만, 세월호 참사의 진상 규명은 제대로 시작조차 되지 않았다.

실제
벌어진 일이
일상적인
것이라면

하어영 · 안수찬 · 박주민

하어영 | 한겨레신문 기자 |

안수찬 | 한겨레21 편집장 |

07

박주민   바로 이어서 하어영 기자를 모시고 마지막 코너를 진행하도록 하겠다. 본인은 자신을 어떻게 생각하는지 몰라도 나는 이분을 한겨레의 보물이라고 생각한다. 안수찬 편집장도 다시 자리를 함께했다. 인사 말씀 부탁한다.

하어영   한겨레 정치부에서 국회를 출입하고 있는 하어영이다. 지금은 미르팀으로 시작했다가 박근혜 - 최순실 TF가 된 팀에서 넉 달째 일하고 있다.

안수찬   하어영 기자를 거들려고 다시 나왔다. 처음 한겨레가 최순실 게이트에서 주목했던 것은 미르재단을 통한 정경 유착이었기 때문에 해당 팀이 미르팀으로 불렸다. 하기자는 그 팀에서 주도적으로 활동하고 있고, 예전에는 나와 함께 〈한겨레21〉 사회팀에서 같이 일을 했다. 미르팀에서도 세월호 7시간과 관련된 대목을 추적하고 있다는 소식을 접하고 혹시 귀중한 말씀을 들을 수 있을까 해서 모셨다.

입을 열어야 할 사람들이
아직 입을 열지 않고 있다

하어영　　　원래 미르팀은 정경 유착을 폭로하자는 선이 아니라 그보다 훨씬 소박한 바람에서 출발했다. 최순실을 등장시켜보자는 것. 그때만 해도 비선 실세로 수면 아래 있던 최순실을 등장시켜서, 말하자면 판을 한번 열어보자. 당시 그 가능성은 미지수였지만, 그런 소박한 바람이 있었다. 그러면서 팀은 이화여대 취재도 병행했다. 지금 생각해보면 팀의 성원들이 약간 감수성에 문제가 있지 않았나 싶은데, 이화여대 취재를 그렇게 중요하게 받아들이지 않았다. 당시 정유라의 대학 입학 과정이나, 특히 딸의 학점 문제로 최순실이 직접 이화여대 교수한테 찾아와서 심한 언행으로 학교를 한번 뒤집어놓은 일, 그리고 중국에서 패션쇼를 한 여름 계절학기 수업에서 정유라가 특별 대우를 받은 의혹 등을 취재했다. 하지만 취재팀의 성원들이 다들 대학을 졸업한 지가 오래되어 그랬는지 대학 재학 중인 이들이 학점 배점이나 입학 과정에서 갖는 공정성에 대한 열망을 체감하지 못했다. 그때 당시에는 최순실을 주어로 한 사건을 계속 등장시키기 위한 한 방편으로 취재를 진행했는데, 이후 이화여대 사건이 그토록 비중이 커질 줄 몰랐다. 그렇게 팀에는 두 축이 있었다.

최순실을 등장시키면서 비선 실세 쪽을 캐는 한편, 세월호라는 키워드가 항상 미르팀 내부에 있었다. 그런데 '세월호 7시간'에 대한 취재로 바로 넘어갈 수는 없었다. 내가 미르팀이 생긴 뒤 한 2주 정도 지난 시점에 파견되어왔는데, 파견된 이유가 내가 '세월호7시간팀'을 그전에 1년가량 했기 때문이었다. 팀 내부에서는 여력이 닿는다면 비선 실세 최순실, 청와대의 상황, 그리고 세월호 7시간 이렇게 넘어가보자는 로드맵을 서로 암묵적으로 공유하고 있었다. TF팀이 구성된 뒤로 기사가 계속 생성되면 좋았겠지만, 시작을 최순실 등장시키기로 했고 마무리를 세월호7시간으로 하려다 보니 일이 결코 쉽지 않았다.

지금 촛불을 들고 광화문에 나가 보면 세상이 뒤집힌 것 같은 느낌이 든다. 그런데 박근혜 정부에 복무했던 사람들, 일부 언론이 부역자라고 부른 그들이 과연 자신들의 권한을 다 내려놓았을까. 세상이 많이 바뀌었다고 생각하기 쉬운데, 나는 아직 여기에 여지가 있다고 생각한다. 취재를 나가 보면 입을 열어야 할 사람들이 아직 입을 열지 않고 있다. 보통 대형 게이트의 경우에는 주도적인 역할을 한 이들이 자신들의 기득권을 내려놓으면 함께 복무했던 사람들도 뒤따라서 입을 열기 시작한다.

그런데 지금 그런 상황으로 가고 있지 않아요. 정치권의 판단도 이와 크게 다르지 않다. 일단 촛불이 앞에서 선도적으로 국면을 이끌어가고, 거기에 맞추어 정치적 구도가 재편되고 사회적인 논의가 뒤따라가는 느낌이 있다. 아직 입을 열어야 할 사람들이 입을 열지 않고 있다. 취재 현장에서도 같은 느낌을 받는다. 한겨레 내부에 세월호 7시간과 관련해 취재하고 있는 역량들이 많은데 아마 다들 나와 비슷한 생각을 할 것이다. 내가 여러 곳에 명함을 뿌려놓기도 했고 오늘도 취재원을 만나고 왔는데, 그들이 이 대담을 보고 용기를 내어 입을 열어주기를 바란다.

박주민　　이런 거군요. 뭔가 바뀔 것 같고 곧 판이 뒤집어질 것 같기도 한데, 여전히 이해 당사자들이 입을 열지 않는 상황이라는 말씀. 그렇다면 그들이 입을 열지 않는 이유를 두 가지로 볼 수 있을 것 같다. 아직 기득권 쪽에 기댈 만한 구석이 남아 있다고 받아들이고 있거나, 아니면 세월호 7시간과 관련된 상황이 자기들이 생각하기에도 엄청나서 차마 입을 열 엄두가 나지 않거나. 하기자의 말씀은 둘 중 전자에 가까워 보인다.

하어영　　확언하기는 어렵다. 그렇지만 몇 가지는 말할 수 있다. 이번 주말에 걸쳐 취재하면서 만난 사람들의 경우 답변을 하지 않으면서도 그 눈은 계속 얘기를 하더라. 기자들이 취재 대상을 포기하지 않는 경우 중 하나가 '촉'으로 느껴지는 것이 있을 때다. 그 촉 중에 내가 개인적으로 중요하게 생각하는 것이 사람의 눈빛이다. 상대방의 눈빛에서 '포기하지 말아달라' '조금 기다려달라'라는 호소가 느껴지는 경우가 있다. 말로는 하지 않는다. 말로는 '모른다' '나중에 이야기할 수 있을 것 같다' '더는 얘기할 수 없다'고 한다.

다만 상황이 바뀌었다는 것이 느껴진다. 똑같은 사람의 입에서 몇 달 전에 취재할 때는 '아니다'라고 나왔던 대답이 이제는 '말할 수 없다' '모른다'로 바뀌었다. 분위기가 바뀌기는 했다. 어쨌거나 그런 상황이다.

안수찬　　　　앞서 이재명 시장과의 대담에서도 말했지만, 관련자들이 그 권력의 족쇄로부터 자유로워지고 진실을 자백할 수 있게 하려면, 대통령 탄핵이 결정적으로 필요하다.

박주민　　　　국정조사나 특검의 활동을 통해 확실하게 '이번 정권은 끝났다'라는 시그널이 나와야 좀 더 많은 사람들이 자유롭게 이야기할 수 있는 분위기가 형성될 것 같다, 이런 느낌이라는 것인가?

하어영　　　　나도 그렇고 〈한겨레21〉도 마찬가지이지만 세월호 7시간을 분 단위로 분절해서 취재하고 있다. 이러한 방식이 정상적인 것이다. 미국의 경우 9 · 11 참사가 일어났을 당시 조지 부시 대통령은 자신의 행적을 분 단위로 쪼개서 제출했다. 컨트롤 타워가 참사의 국면마다 어떻게 대응했는지를 보려면 그 방식이 필요하다.

박주민　　　　지금 이 대담을 보는 이들이 페이스북에 올린 댓글 중에 재미있는 것이 있다. 하기자가 눈빛, 촉, 이런 것을 말씀할 때 편집장이 옆에서 노려보았다고 한다. '네가 무슨 촉이 있다고 그래' 하는 눈빛이었다고.

하어영   안선배는 늘 그래왔습니다.(웃음)

안수찬   내가 〈한겨레21〉의 사회팀장을 맡던 시절에 하기자와 같은 팀에서 일했다. 그때도 이미 유능하고 특종을 잘하는 기자였다. 이제 한 사람은 주간지 〈한겨레21〉에 있고, 다른 한 사람은 일간지 한겨레에 있다 보니 사내에서 선의의 경쟁이라는 구도가 생긴다. 실제로 그런 눈빛으로 봤다.(웃음) 그런데 하기자가 조만간 특종을 하게 생겼다. 이렇게 부지런한 기자들이 한국 전체에서 보더라도 많지 않고, 특히 한겨레에 모여 있다. 추론하고 가설을 세우는 데서 더 나아가 사실을 추적하는 기자이다. 우리끼리는 '꼭지 딴다'고 말하는데, 하기자의 취재가 꼭지를 따는 그 마지막 어디쯤에 와 있다. 기사가 나가면 대통령의 탄핵과 관련해 상당한 영향을 줄 것 같다.

내가 접근하는 방향은
'정상에 가까웠다'는 쪽이다

박주민   그 정도로만 말해도 될 것 같다. 이번에 확실한 연결 고리가 발견되지 않더라도, 하기자의 추적이 곧 결실을 맺으리라 본다. 지금까지 의혹은 확정되지 않았지만 몇 가지 시나리오로 정리될 수 있다. 굿이나 종교적인 행사, 의약품을 통한 수면과 성형 시술, 정윤회와 관련된 비선 등 이렇게 몇 덩이들로 얼추 정리되어가고 있다. 하기자가 주로 추적하는 방향은 이들 중 어느 쪽에 가까운가?

하어영　　　많은 기대를 갖고 지켜보는 분들에게 어찌 보면 기대에 반하는 이야기가 될지 모르겠다. 내가 접근하는 방향은 '정상에 가까웠다'는 쪽이다. 그러니까 내가 말하는 '정상에 가까웠다'는 말은 굿이나 성형수술처럼 우리가 상상할 수 있는 극단적인 경우가 아니라, 일종의 일상적으로 벌어지는 일로 볼 수 있다는 것이다. 왜 그런가 하면, 당시 청와대에서 굿이나 성형수술이 벌어졌다는 전제하에 추적하다 보면 기존의 사실들과 상충되는 상황이 발생한다. 그런 의혹을 배제할 수밖에 없는 지점이 나온다. 물론 그것이 틀렸다는 말이 아니다. 굿은 해당되지 않지만, 정상성의 범위 안에 약품이나 성형수술은 들어올 수 있다. 나는 논리적인 결함을 보이는 가능성은 소거해가면서 취재하는 방식을 취하고 있다. 이렇게 할 수밖에 없는 것이, 갖고 있는 자료가 별로 없기 때문이다.

　한 가지, 사실 사람들이 별로 주목하지 않고 있는 부분이 있다. 참사 전날인 4월 15일이다. 4월 15일에 무슨 일이 일어났는지 살펴볼 필요가 있다.

박주민　　　4월 15일이면 조응천 당시 공직기강비서관이 불려가서 위로부터 '부하 직원에게 얘기하지 말고 내일부터 나오지 말라'라는 말을 들었다는 날 아닌가?(한국일보 2016.02.04.)

　　　　　　　　　　　　　　실제 벌어진 일이 일상적인 것이라면

하어영　　　　그날 조응천 비서관의 일도 있었고, 또 국정원이 서울 시 공무원 간첩 사건과 관련해 증거 조작을 한 것에 대해 대통령이 국무회의에서 사과를 했다. 다들 기억할지 모르겠는데⋯. 그 일이 박대통령의 입장에서는 어떻게 받아들여졌을지 생각을 해봐야 한다. 그의 업무에 어떤 영향을 미쳤을까?

박주민　　　　'내가 이런 일로 대국민 사과를 해야 하다니' 그랬을까.

하어영　　　　그러면서 국정원에 경고를 날렸다. 자기로서는 가장 위험한 집단이라고 느끼면서 동시에 가장 믿고 있는 조직이다. 그날 '다시는 이러한 일이 벌어져서는 안 된다'고 국정원에 경고를 날렸다. 어찌 보면 국정원 댓글 대선 개입 사건 이후에 아마 대통령 본인으로서는 가장 큰 위기감과 분노를 느끼지 않았을까 생각한다. 국정원 댓글 사건은 지난 정부에서 벌어진 일이므로 자기와 무관하다며 벗어날 수 있었지만, 서울시 공무원 간첩 사건은 현 정권에서 일어난 일이기에 자기에게 불똥이 튈 수 있다고 판단했을 것이다.

　물론 여기서부터는 추론의 영역이기 때문에 나도 조심스러운데요. 그렇게 4월 15일에 박대통령의 상태가 어땠을까를 가정해보고, 그리고 4월 17일의 상황을 따져보는 거죠. 그 일은 〈한겨레21〉에서 이미 보도한 김종 차관과 관련된 일이다. 이렇게 4월 15일과 4월 17일에 '본인이 생각하기에' 정상적인 업무가 이루어졌다고 한다면, 4월 16일에는 일상적으로 했던 뭔가를 하지 않았을까, 이렇게 추론해볼 수 있어요.

내가 말하는 본인은 박대통령인데요. 나는 이 범주에서 정상성을 말하는 겁니다. 내가 너무 뭉쳐서 말한 것 같다. 아직 취재 중이어서 구체적인 상황을 밝히지 못하는 점을 양해하기를 바란다.

박주민　　　검찰이나 법무부 소속 공무원들이 국정감사에 나오면 '수사 중이어서 말을 못 한다'고 하는데, 하기자는 '취재 중이어서 말을 못 한다'고 얘기한다.

안수찬　　　앞서 김완 기자와 나도 비슷한 표현을 썼는데, 우리한테는 특별하지만 대통령에게는 일상적이었을 일을 했을 거라고 했는데, 하기자도 그런 취지로 얘기하는 것 같다. 물론 추론이고 가설이지만, 박대통령이 특정한 업무를 일관적으로 하기보다는 관저에 머무는 시간이 길었다면, 일을 한 다음에 일정한 휴식을 취하지 않으면 복구가 되지 않는 사람이었을 것이다. 힘든 일을 치른 다음, 휴식을 취하는 방법은 사람마다 제각각이다. 나 같은 경우에는 소파에 앉아 멍하니 TV를 보거나 목욕을 하거나 등산을 한다. 그렇다면, 박대통령의 경우에는 쉬는 시간에 무엇을 했을까. 자기 충전을 위해 습관적으로 행하던 일이 무엇이었을까. 또는 그런 시간에 만나는 사람들은 누구였을까.

아직 취재 중이라고 하니 그 이상을 말하기는 어려울 테지만, 하기자가 말하는 정상성이라고 하는 건 그런 의미가 아닐까 한다. 그런데 막상 그 내용이 대통령으로서는 해서는 안 되는 일이기에 흥미로운 것이다.

　　　　　　　　　　　　　　실제 벌어진 일이 일상적인 것이라면

세월호 사건 전체와 관련해서 음모론이 발생하는 영역이 딱 두 곳인데, 바로 세월호의 침몰 원인과 당시 대통령의 행적에 관한 것이다. 오늘 이야기하고 있는 것이 후자의 영역이다. 이 두 영역 모두에 여러 가설들이 있고 추론들이 있는데, 기자들은 하기자가 말했듯이 논리적 모순을 가진 경우를 우선 배척해나가는 과정에 있다. 그렇게 솎아냄으로써 사실을 발견해가는 방식이다. 기자들을 포함해 많은 국민들이 온갖 루머까지 소화해가면서 음모론에 귀를 기울이는 이유는 그 실체가 아직 밝혀지지 않았기 때문이다. 특히 권력과 결부되어 있고 베일에 가려진 사건의 경우에는 음모론이 성하기 마련이다. 그 음모론과 가설을 걷어내기 위해서라도 지금껏 잠금장치로 작동하고 있는 권력을 해지할 필요가 있다.

박주민　　대통령의 휴식 시간과 관련해 앞에서 이큰별 피디가 지적한 부분이 있다. 세월호 참사 당일 전후로 공식 일정을 점검해보니 이상하게 대통령이 수요일마다 쉬었다는 것. 세월호 참사가 수요일에 있었다. 그러니까 일상적으로 돌아오는 쉬는 날이었다는 것이다. 그 휴식은 감히 청와대 비서들로서는 범접할 수 없는 것이었을 수도 있다. 또 박대통령은 순방을 가기 전 이틀은 무조건 공식 일정을 비웠다고 한다. 이틀 정도는 비워서 휴식을 하고 순방 준비를 해야 했다는 얘기도 나왔다. 하기자의 정상성 이야기도 이러한 측면과 연결되어 있어 보인다.

안수찬　　　　지금 〈한겨레21〉 페이스북에 올라오는 질문 중에 하기 자가 답했으면 하는 것이 있어 소개한다. 세월호 7시간과 직접 관련되지 않은, 세월호의 침몰 원인과 관련된 질문이다. 세월호 구조를 위해 출발한 미국의 본험 리처드함을 돌려보낸 이유, 고의 침몰설, 내부 폭발설 등에 대해 묻고 있다. 이에 대해 어떻게 생각하는지 내가 대신해 질문해본다.

하어영　　　　아마 내가 국방부 담당 기자로 출입한 것을 알고 물어본 것 같다. 그때 당시, 다들 기억할지 모르겠지만, 해경이 구조 현장에 민간 업체인 언딘을 우선 투입하기 위해 UDT(특수전전단)가 잠수하는 것을 막았다는 기사가 있었다(한겨레 2014.04.30). 그렇다고 이와 관련지어 본험 리처드함을 돌려보낸 이유가 언딘의 투입을 위해서라고 단정할 수는 없다. 물론 어떤 목적이 있어서 본험 리처드함을 돌려보낸 것 아니냐는 의혹이 있었다. 그런데 원래도 국방부의 내부 문서는 공개가 잘 되지 않는 편인데, 특히 미군 같은 영역은 보안이 걸려 있어 더욱 엄격하다. 본험 리처드함과 관련해 쓴 기사를 아마 다들 보지 못했을 것이다. 그 이유는 간단하다. 취재할 수 없는 영역이기 때문이다. 국방부가 공개하지 않는 자료는 기자들도 접근하기 어렵다.

　이어서 잠수함설에 대해 말해보겠다. 2010년 천안함 침몰 사건 당시 나는 안수찬 당시 팀장과 함께 취재를 했었는데, 그때도 논리적 정합성을 따져볼 때 잠수함과의 충돌을 침몰의 원인으로 보면 바다에서 일어나는 알 수 없는 이상한 상황을 해결하기 좋은 경우가 많았다. 잠

　　　　　　　　　　　　　　　　실제 벌어진 일이 일상적인 것이라면

수함과의 충돌로 가면 논리적 정합성이 딱 떨어지는 점이 많다. 그럼, 왜 그 가능성을 배척했느냐고 내게 물어보면, 내 개인적으로는 국방부의 내부 문서는 자료 접근성도 떨어지는 데다가 여러 제약이 많아서라고밖에 할 말이 없다. 그렇다고 그 가정이 단지 음모론이고 언급할 가치가 없는 것이라는 말은 아니다.

박주민　　　하기자는 여러 영역을 회색지대로 남겨놓고 고민하는 것 같다.

하어영　　　세월호의 침몰과 관련된 조사는 앞서 김성훈 조사관도 말씀했는데, 검찰이 가진 조사권에 준하는 조사권이 독립 조사 기구에 부여되어서 처음부터 다시 진행되어야 한다고 생각한다. 그렇지 않으면 음모론이 당연히 생길 수밖에 없다.

안수찬　　　지금 한국 사회의 공권력과 제도 언론을 포함한 영역에서는, 여기에는 한겨레와 〈한겨레21〉도 포함되는데, 세월호의 침몰 원인으로 과적과 불량 고박, 조타 미숙이 꼽혀왔다. 조타수가 맹골수도를 지나면서 급변침을 하느라 조타기를 지나치게 비트는 바람에 컨테이너가 심하게 한쪽으로 쏠렸고, 과적한 나머지 배가 급격히 기울었다는 것이다. 그런데 재판 과정에서 대법원 재판부는 조타기의 자체 결함 등 여러 가능성을 열어둠으로써 업무상 과실이 있었다고 단정하지 않았다. 이 과정에서 상식적으로 제기되는 질문이 왜 그때까지는 멀쩡

하던 조타기가 갑자기 고장났는가 하는 것이다. 항공기 사고가 나면 블랙박스를 뜯어서 들여다보고 공식적으로 공개된 자료를 검토하는 데만 6개월, 길게는 1년이 걸린다. 물증에 대한 실증적 분석이 이루어질 때까지 침몰 원인에 대한 음모론이 계속 나올 것이다.

- 세월호 사건 판결: 대법원 전원합의체(주심 김소영 대법관)는 2015년 11월 12일 이준석 선장의 살인 혐의는 유죄로 인정하면서도, 항해사와 조타수의 업무상 과실 선박매몰죄는 무죄로 판단한 항소심을 확정했다(2015도6809). 재판부는 선장이 승객들이 사망에 이를 수 있음을 충분히 예견했고, 승객을 내버려두고 퇴선한 뒤 해경의 구조 활동에도 무관심한 태도를 보인 것을 두고 부작위에 의한 살인으로 판단했다.

하어영　　두 가지 정도 더 말하자면, 고의 침몰설이 나올 때 함께 언급되는 것이 항적이다. 박주민 의원도 국회의원이 되기 전 변호사 시절에 항적 때문에 나랑 많은 이야기를 나누었다. 항적과 관련해서는 제대로 드러난 것이 없다. 특히 해군이 공개한 항적 같은 경우에는 그것보다 더 촘촘한 궤적이 공개되어야 했음에도 불구하고 여러 제약 때문에 그렇게 공개되지 못했다. 얼핏 보면 격자무늬 형식인데, 배가 지그재그 가는 것처럼 보인다. 물론 해군 항적이 공개되었을 때, 애초에 지그재그로 갔다는 지그재그설도 있었다. 어디서부터 세월호의 침몰이 시작되었는가를 규명하는 일에 관한 한, 물론 그전의 상황까지 소급할 수도 있겠지만, 나는 항적에서부터 시작했으면 좋겠다는 생각을 개인적으로 갖고 있다.

박주민　　　안타깝게도 이번 정부가 세월호 참사에 대한 진상 규명 활동을 방해했기 때문에 또다시 시간과 금전을 투입해 처음부터 다시 조사를 해야 하는 상황이 되어버렸다. 그래도 다시 시작해야 한다. 다음 번 입법 활동을 통해 제대로 된 조사를 할 수 있는 제도적 기반을 갖추어야 한다. 또 하기자가 답변해야 할 추가 질문은 없는가?

평상시의 행동보다는
이벤트나 액티비티가 있었을 수 있다

안수찬　　　내가 하기자에게 검증받고 싶은 가설이 있다. 〈한겨레 21〉의 가설은 하기자의 맥락과 비슷한데, 대통령이 평소대로 쉬었던 것 같다. 그렇다면, 쉬는 시간에 무엇을 했는지를 밝히는 것이 관건이다. 굿을 했을까. 수면 유도용 주사를 맞았을까. 아니면 그런 성격의 일을 두 가지 이상 같이 했을까. 그런데 평소에 뭘 하면서 쉬든 간에 세월호 참사 정도의 일이 일어나면 누구라도 반응하기 마련이다. 이를테면 등산을 하다가도 그런 보고를 받으면 급히 하산하거나, 전화로라도 지시를 내릴 텐데, 왜 중대한 비상 상황에서 아무런 반응 없이 쉬었는가가 핵심 포인트라고 생각한다. 사람을 아무 반응 없게 만들 정도로 쉬게 할 수 있는 게 뭐가 있을까? 이것이 내 질문이다.

하어영　　　우리는 아주 비극적인 일을 겪게 되면 밥은커녕 물도 목에 안 넘어가잖아요. 그런데 낮 12시에 본인은 꼭 점심을 먹어야 하는 사람이라면 그 경우에도 정상적으로 밥을 먹을 수 있다고 생각해요. 만약 그런 사람이 우리의 대통령이었다면 우리에게는 굉장히 슬픈 일이고 화가 나는 일이지만, 그럴 수도 있다고 생각해요.

안수찬　　　〈한겨레21〉은 2주일 전에 줄기세포 주사 또는 면역세포 주사와 관련한 내용을 보도했었다. 이 주사를 맞거나 시술하는 일은 한국에서는 불법이다. 참사 당일 7시간 동안 대통령이 그 주사를 맞았는지는 아직 확인하지 못했다. 다만 서울 강남의 부유층 사이에선 이 주사가 암을 치료하거나 예방하고, 젊어지고, 온갖 병을 치료할 수 있는 기적의 신약으로 불리는데, 이것이 최순실을 통해 청와대로 들어왔거나 또는 대통령이 청와대 밖으로 나가서 주기적으로 맞았을 가능성이 있다. 그리고 이 주사를 맞을 경우에는 프로포폴을 포함한 수면제도 적절히 처방된다는 것까지 취재했다. 그러나 그 주사를 7시간 동안 맞았는지 또 얼마나 자주 맞았는지에 대해서는 확정하지 못했다. 하기자가 말한 것처럼 밥을 먹는 일 같은 그냥 평상시의 행동을 했을 수도 있지만, 나는 이벤트랄까, 액티비티랄까, 어떤 특별한 일을 그 7시간 동안 치렀을 수도 있다고 생각한다.

하어영　　　조금 더 보태서 말하자면, 더불어민주당 김한정 의원실에서 밝힌 것처럼 2013년 청와대가 마약류 지정 의약품 1000여 정을 구입해서 소비했다는 보도가 나왔고, 정의당 윤소하 의원실에서 입수한 자료에 의하면 청와대가 마약류 약물을 처방했다는 사실도 나왔다. 그런데 사실 기자들이 그 자료들을 입수해 살펴보면 아귀가 맞지 않아요. 개인적 용도에 쓰였다, 국가 안보에 쓰였다 하는 경우들이 혼재되어 있어요. 물론 이것이 특검이 할 일이고, 언론이 할 일이기도 하다. 양심적인 제보자를 통해 사실을 찾아내서 알리는 것이 언론의 일이기도 하지만 우선적으로 특검의 일이다. 세월호 참사 당시 청와대에서 마약류와 관련된 약품이 어떻게 처방되었고 그 당사자는 누구였는지 밝혀져야 한다. 당사자의 직위 고하를 떠나서 마약류 관리와 관련해서는 철저히 처방 과정과 결과가 규명되어야 한다. 이러한 것이 우선 규명되면 아마 지금 말씀한 것들이 상당 부분 밝혀지지 않을까 생각해요.

박주민　　　　다른 측면에서 질문을 던지겠다. 2016년 11월 23일 한겨레는 대선 전에 대통령 당선 기원을 위해 자발적 굿을 벌였던 한 무속인의 인터뷰를 실은 적이 있다. 가만히 생각해보면 이상하다. 무속인이 자기 돈으로 자발적으로 굿을 했다는 것인데, 좀 이례적인 일로 보인다. 최순실에 관해서는 2015년 봄까지 무속인을 수차례 찾아가서 굿을 했다는 증언도 나오고(연합뉴스 2016.11.14). 한 친박 정치인도 종편에 나와서 대선을 전후해 전국 명산에서 무당굿이 벌어졌다고 말했다. 지금 말씀한 것처럼 한 사람이 일상에서 정상적으로, 반복적으로 한 일일 가능성이 있다면, 그런 측면에서 전통적인 종교 행사나 무속도 배제할 수 없는 것 아닌가. 매일 맥주 한 잔씩 꼭 마셔야 잠을 자는 사람도 있지 않은가. 하는 일이 잘 풀리지 않으면 점집에 찾아가서 어떻게 해야 길하게 풀리는지 꼭 물어보는 사람도 있다.

하어영 그런 것을 물어보면 나로서는 실패기를 말할 수밖에 없다. 보통 실패기는 사건이 끝난 다음에 말하는 것인데, 사건이 특수하다 보니 일찍 말하게 된다. 굿에 관해서는 여러 의혹과 가정이 나왔다. 세월호 참사 당일이 길일이었다고 한다. 최태민이 사망한 날짜와 다르지만 그날이 길일이어서 굿을 해야 했다는 제보가 하나 있었다. 그런데 그날이 길일이 아니라고 하는 무속인들도 있었다. 무속 세계에서 길일인지 아닌지를 어떻게 판단하는지를 나는 모르지만, 그렇게 엇갈린 판단들이 나왔다. 그리고 참사 당일이 아닌 다른 날 굿을 했다는 제보가 있었다. 이것도 확인되지는 않았다. 굿을 하기는 했는데, 다른 날 굿을 했다는 것이다. 하지만 박대통령과 무관한 제보일 수 있었다. 이처럼 객관적으로 검증해서 보도할 만큼 팩트가 뒷받침되지 않았던 것이다.

박주민 나도 그런 의혹이 있다는 측면에서 얘기한 것이다. 내가 아는 이들 중에는 앞날이 궁금하거나 불안한 일이 생길 때마다 꼭 점을 습관적으로 보러 다니는 사람이 있다. 점을 봐야 다음에 무슨 결정을 내려야 할지 마음을 먹을 수 있고, 마음의 안정을 얻는 이가 있다. 박대통령도 그런 습관이나 정신세계를 갖고 있었다면, 꼭 굿이 아니더라도 누구를 만나 뭔가 물어보고 상의하는 것도 가능하지 않았을까 싶

실제 벌어진 일이 일상적인 것이라면

다. 앞서 말했듯이 세월호 참사 당일 정윤회는 한 역술가와 같이 있었다라고 밝혔는데, 실제 그들의 위치는 청와대와 가까운 곳이었다.

안수찬   휴식의 실체가 굿이라고 보기는 어렵다. 그런 일이 있었다면 흔적이 남을 텐데, 현재까지 우리는 그 흔적을 발견하지 못했다. 흔적이 잘 드러나지 않는 점을 봤을 수는 있겠지만. 다만 하기자가 거듭 강조해서 말하고자 하는 것은 기자는 가설을 머리에 둘 수는 있어도, 말이나 글로 함부로 발설할 수는 없다는 것이다. 굿이나 점을 사실관계 영역에 포함시키기에는 우리의 능력이 아직 부족하다. 아직 그 대목을 확정적으로 말할 수 있을 정도로 접근하지 못했다.

하어영   내가 만난 한 무속인이 이런 얘기를 했다. 〈곡성〉이라는 영화에도 나오듯, 특히 영험한 어떤 무언가를 얻기 위해서는 굿이 대규모로 치러져야 한다고 한다. 돼지를 통째로 매달아 놓고 엄청난 소리를 내면서 흡사 하늘을 향해서 퍼포먼스를 벌이듯이 하는 그런 규모이다. 흔히 권력자들이 생각하는 굿이 그런 정도의 것이라 한다. 그 무속인은 그런 것을 감안하면 굿을 했다는 것은 아닌 것 같다고 했다. 그 대신 치성이라는 것을 언급했다. 정화수를 떠놓고 정성으로 비는 일을 말하죠. 요즘은 주역을 과학이라고 하는 이들도 있는데, 그런 주역이나 사주의 영역이 아니라 진짜 무속인이 신점을 보는 경우도 있을 수 있다. 그렇게 다양한 가능성이 있다는 애기를 듣고는 내 능력 밖의 문제라고 생각하고 그 방향으로 가지 않기로 했다.

안수찬   말이 나온 김에 덧붙이자면, 우리도 무녀의 세계를 점검해봤다. 실력 있는 무속인들끼리는 서로 알고 지낸다고 한다. 청와대에서 굿을 치르지는 않았을 것이라는 게 그들의 의견이었다. 굿을 하면 흔적이 남고 소문이 날 테니까. 신점을 보는 이들도 알아봤는데, 신점을 보는 무속인 가운데 누군가 청와대까지 들어갔다 왔다면 그들 사이에서 소문이 날 텐데, 역시 아직 발견되지 않은 상태다. 물론 굿을 하면 안 된다거나, 점을 보면 안 된다는 이야기가 아니다. 누구나 굿판을 벌일 수 있고, 점을 볼 수도 있다. 다만 대통령이 그 시간에 굿이나 점 때문에 상황 파악을 하지 못했다면 그것이 문제가 된다.

박주민   설령 한 나라의 수장이 굿판을 벌이거나 점을 보았더라도 국가적 중대사가 터졌다면 중간에 멈추고 사건에 대응을 해야 하는 시스템이 갖춰져 있었어야 했다. 그게 안 되었다는 것이다. '루틴'한 휴식을 취하고 있었다 하더라도 도중에 휴식을 당연히 깼어야 했다. 휴식 상태에서 빠져나왔어야 했다. 그게 되지 않았다고 한다면 그것도 참 이상한 일이다. 어쨌든 참사 대응과 관련해 그 적절성이 문제가 되는 와중에 뜬금없이 청와대는 참사 당일 대통령이 기초연금 관련 상황을 검토하라는 지시를 내렸다고 해명함으로써 스텝이 더욱 꼬이고 말았다.

실제 벌어진 일이 일상적인 것이라면

극도의 수동성, 우리가 이해할 수 없는 상황

하어영 　　　한 가지 더 말하자면, 청와대의 이해할 수 없는 조직 구조가 미르재단이나 K스포츠재단의 조직 구조와 비슷하다. 우리가 보통 조직이라고 말할 때 볼 수 있는 활력이나 활동성이 거의 없고, 한 사람에 의해 좌지우지되는 성향상 조직 자체가 극히 수동적이 되어 있다. 만약 최순실이 청와대 조직을 쥐고 있었다면 그와 비슷한 식으로 조직 구조가 형성되지 않았을까 하는 생각이 든다.

박주민 　　　조직이 권력관계에 기초해 권위주의적으로 운영되다 보니 그 밑에 있는 사람들이 극도로 수동적이 되어버렸다는 것.

하어영 　　　청와대의 구성원들은 자신들의 지위와 기득권만으로도 바쁘고, 그것을 유지하는 데만 해도 노동력이 충분히 허비된다고 생각한다. 그렇다면 지독한 수동성, 우리가 이해할 수 없는 상황이 벌어졌을 수도 있다고 본다. 미르재단과 K스포츠재단이 어떻게 보면, 박근혜 정부와 최순실을 잇는 단순한 고리가 아니라, 청와대의 거울 같은 존재가 아니었을까 추측해본다.

박주민 　　　그랬을 것 같다. 검찰의 한 관계자는 압수된 정호성의 휴대폰에 녹음된 내용을 10분만 들어도 어떻게 저렇게 무능할 수 있을까 생각이 들 정도라고 한탄했다고 한다. 그렇다면 추측컨대 청와대가 최순실을 떠받들면서 이 사람의 말에 좌우된다는 인상을 받을 만한 녹

음 내용이 있을 가능성이 있다. 그렇다면 극도로 수동적인, 지시 없이
는 아무것도 안 하는 조직의 모습을 확인할 수 있겠다.

안수찬　　　우리가 몰랐던 박근혜 정부의 진면목이 '세월호 7시간'
과 함께 드러날 것이다. 그것이 무엇이든 간에, 대통령은 인간적인 수준
의 최저선에도 훨씬 미치지 못한 인물이었음이 드러날 가능성도 있다.

박주민　　　그런 부분이 드러나기는 힘들지 않을까. 그것은 또한
박대통령을 비호해왔던 세력들에게 큰 약점이 될 것이다.

안수찬　　　박대통령 주변 세력들에게 두고두고 약점으로 남을 것
이라는 지적은 맞다. 한국의 보수 세력을 대표하는 그동안의 리더들을
살펴보면, 여러 논란에도 불구하고, 그 나름의 카리스마와 정치적 역
량을 갖추었다. 긍정적으로 평가할 수는 없겠지만, 박정희나 전두환도
독자적인 리더십을 갖추었던 인물이다. 그런데 보수 세력 최고 지도자
의 그런 자질을 완전히 배반하는 전형적인 예가 박근혜 대통령이었다.
이번에 대통령의 7시간의 실체가 여실히 드러나면 한국의 보수 전체
에 치명적인 영향을 미칠 것이다.

박주민　　　박정희 대통령까지 이어지는 보수 세력 자체의 정통성
이 다 위협받을 수 있겠다. 더 많은 시간 이야기를 나누면 좋을 텐데 제
작 쪽에서 마무리하라는 사인이 들어왔다. 나중에 충분한 시간을 갖고

　　　　　　　　　　　　　　　실제 벌어진 일이 일상적인 것이라면

얘기를 해볼 기회를 만들고 싶다. 주위 사람들, 페이스북 친구들이 진짜 정규 방송에서 대담하는 모습을 보고 싶다는 바람을 갖고 있는 것 같다. 페이스북 중계는 아무래도 화질이나 음성이 좋지 않았던 모양이다.

하어영　　　의원님은 이를 '설정'으로 계속 밀고 나가는 것 아닌가요, 이런 남루한 방식….(웃음)

안수찬　　　마지막으로 한마디 하겠다. 박주민 의원님이 대통령의 7시간이라는 타이틀로 방송 제작을 제안했을 때 덜컥 받았다. 여기서 잠깐 우리 매체를 홍보하고 싶다. 〈한겨레21〉은 2014년 4월 이후 세월호 문제를 끈질기게 추적하고 있다. 여러 매체와 채널이 다각도로 세월호 문제에 접근하고 있지만, 앞서 말했듯이 새로운 사실을 발굴하려는 노력을 끝까지 유지하는 곳은 〈한겨레21〉밖에 없다. 우리의 취재 인력이 열다섯 명밖에 안 되는데 그중 서너 명은 계속 세월호를 붙잡고 있다. 독자들이 많이 도와주면 좋겠다.

　조만간 우리는 그동안 세월호와 관련해 나온 기록들을 모아 아카이브를 만들 계획이다. 왜 이 아이디어를 진작 구현하지 못했는가 하면 일단 자료가 방대했기 때문이다. 그리고 계획을 구현하는 데 필요한 재정적인 문제를 해결해야 했다. 세월호 특조위가 제대로 된, 새로운 독립 조사 기구로 다시 출범하게 될 때와 발맞추어 적절한 시간에 뜻있는 시민들의 성금을 모금하는 기회를 만들겠다. 일단 정기 구독을 부탁하고 '세월호 시민 공개 아카이브'에 대해서도 관심 있게 지켜봐

주었으면 한다.

하어영   열심히 하겠다.

박주민   열심히 하면 반드시 성과가 있을 것이라 생각한다. 하 기자는 우리 의원실과 몇 가지 일을 같이 하고 있다. 제대로 뒷받침하지 못해 아쉬움이 크다. 이것으로 총 7시간에 걸쳐 세월호 7시간 동안 대통령이 무엇을 했고 참사에 적절히 대응했는지를 살펴보는 시간을 마칠까 한다. 대담을 진행하면서 앞으로 더 조사하고 해결해야 할 숙제가 생겼고, 우리가 다시 한 번 기억을 되살려야 하는 이유도 확실해졌다. 지금까지 많은 이들이 고생했다. 보이지 않는 곳에서 애써준 〈한겨레21〉 여러분, 우리 의원실의 스텝들, 오랫동안 기다려준 김조사관에게도 고마운 마음을 전한다. 성에 차지 않지만 다음 기회에 훌륭한 기획으로 다시 찾아뵙겠다. 감사하다.

실제 벌어진 일이 일상적인 것이라면

그 한마디로 기사 작성이 시작되었다

: 하어영

한겨레는 2016년 12월 7일자 1면으로 박근혜 대통령의 세월호 참사 당일 7시간 동안의 행적 일부를 밝혀냈다. '세월호 가라앉을 때 올림머리 하느라 90분 날렸다'라는 제목의 보도였다. 이른바 올림머리 보도로 불리는 이 보도는 정치권에서 '탄핵 열차에 마지막 탑승권을 끊었다'는 말이 나올 정도로 반향이 컸다.

그 반향은 기대 이상이었다. 7시간 중 밝혀지지 않은 박대통령의 행적을 두고, 굿부터 성형수술, 밀회에 이르기까지 별별 설이 다 떠도는 와중에 올림머리를 하느라 시간을 허비했다는 것은 '비정상'보다는 '정상'에 가까운 행적이라 나 스스로 그렇게 큰 반응을 기대하지 않았다. 그것이 취재한 기자 입장에서의 솔직한 심정이었다. 하지만 그마저도 대담 당일(12월 4일)에는 '취재하고 있으나 말할 수 없다'고 답할 수밖에 없는 처지였다. '세월호 참사 당일 낮 강남의 한 유명 미용실 원장이 청와대에 들어가서 대통령의 올림머리를 했다'라는 단 한 줄의 제보를 확인하기 위해 취재를 시작한 게 12월 1일이니 나흘째 되는 날이었다.

나는 당사자인 미용실 원장 정씨에게 직접 커트를 받은 뒤 취재 목적을 밝혔다. 그러자 미용사의 태도가 돌변했다. '말할 수 없으니 돌아가라'는 말 외에 더 이상의 대화를 거부했다. 방법은 미용실 원장이 출근해서 퇴근할 때까지 하루 종일 미용실을 지키는 것뿐이었다. 앉을 자리도 내주지 않았다. 미용실 입구에서 출근을 확인하고 인사한 뒤, 점심 전에 두어 번, 점심시간에 한 번, 오후에 두어 차례, 그리고 퇴근 시간을 기다려 눈인사를 거듭했다. 미용실 대표가 취재를 거부하는 상황에서 주변 취재도 쉽지 않았다. 다만 적극적으로 내쫓지 않는 것만으로도 가능성이 얼마간 열려 있었다. 대부분의 취재원들은 업무방해를 한다는 이유로 경찰을 부르는 게 다반사였으니까.

들어야 할 답은 간단했지만 그 답은 보도를 위해 필수적이었다. 십수 명에 달하는 미용실 직원 어느 누구도 입을 열지 않던 사흘째 저녁, 퇴근하던 직원 한 사람이 기자에게 다가왔다.

"저는 세월호 참사 당시 미용실에 근무하지 않아 원장님이 청와대에 연락을 받고 들어갔는지에 대해 알지는 못해요. 제가 알고 있었다면 도움을 드렸을 텐데 그러지 못해 죄송합니다. 그래도 7시간 동안 도대체 아이들을 왜 구하지 못했는지, 대통령은 그 시간에 무엇을 하고 있었는지, 반드시 밝혀져야 하지 않을까요. 당연히 원장님이 말씀하기 힘드실 거예요. 조금만 더 버텨주시면 안 될까요?"

그날도 거듭된 취재 요청에 '이런 식이면 업무를 진행할 수 없다'는

실제 벌어진 일이 일상적인 것이라면

말을 수차례 듣고는 안 그래도 철수하려던 참이었다. 그리고 하루를 더 버틴 일요일, 그날도 원장으로부터 사실을 인정하는 '그렇다'라는 한마디를 듣지 못한 채 박주민 의원과의 대담이 이루어졌다.

박근혜 – 최순실 게이트 TF팀을 이끌던 김의겸 팀장(정치부 선임기자)은 '더 이상의 진척이 없으면 철수를 하는 게 어떻겠느냐'고 조언을 하기도 했다. '철수하라'는 지시를 우회적으로 건넨 것이어서, 나로서는 더 이상 미용실에서 버티기 힘들었다. 하지만 대담에서도 말했듯이 원장이 답할 것이라는 확신이 있었다. 물론 그 직원의 말이 확신에 힘을 실어주었다.

결국 '대통령의 7시간 추적자들' 대담을 (인터넷으로) 내보낸 이튿날(취재 5일째), 미용사 정씨는 '이제 철수할 테니 1분만 시간을 달라'는 기자의 부탁을 들어주었다. 그리고 "'세월호 참사 당일 점심 무렵 청와대로부터 연락을 받고 한 시간 거리를 달려가, 평소대로 한 시간 반 올림머리를 하고 왔다'는 내용으로 보도를 할 것"이라는 기자의 말에 "네" "알았다"는 답을 내놓았다. 그리고 당시의 상황에 대해서는 "특검이 시작되면 그때 말하겠다"고 답했다. 그다음 그 한마디로 기사 작성이 시작되었다.

보도가 있던 당일, 청와대는 올림머리 보도와 관련해 미용사가 머리를 만진 시간은 20여 분에 불과하다는 해명을 내놓았지만, 그것이

20분인지 90분인지는 사실 본질적인 내용이 아니었다. 300여 명의 목숨이 벼랑 끝에 몰려 있는 그 시간에 강남에 있는 미용사를 청와대로 불러 올림머리를 하고서 중대본으로 가야겠다고 생각한 그 순간, 이미 대통령은 자신의 본분을 잊은 것이다.

국회에서 대통령 탄핵소추안을 의결하고 헌법재판소의 탄핵심판이 진행되고 있는 2017년 1월 중순, 여전히 대통령은 7시간의 행적에 대해 이렇다 할 답을 내놓지 못하고 있다. 정상적인 업무를 보았을 뿐이라는 해명을 믿는 국민은 이제 거의 없다. 2001년 9·11 테러 당시 조지 부시 미국 대통령이 자신의 당일 행적을 분 단위로 밝힌 기록을 제출한 것은 시사하는 바가 크다. 9·11조사위원회는 조사 결과 부시 대통령이 한 초등학교 교실에서 7분간 머문 사실을 밝혀냈고 그 대응이 적절했는지를 따졌다.

박대통령은 2017년 1월 1일 기자간담회를 자청해 '현장은 전문가들이 더 잘 안다'라는 말을 남겼지만, 그들을 통솔하는 책임은 결국 통수권자인 대통령에게 있다. 7시간은 그래서 중요했다. 그리고 여전히 중요하다. 올림머리 보도는 7시간에 조그만 균열을 냈을 뿐이다. 감추고 싶은 나머지 시간 동안 또 무슨 일이 있었는지에 대해서는 여전히 추적 중이다.

실제 벌어진 일이 일상적인 것이라면

2017년 해명:
'소위 세월호 7시간 관련 피청구인의 구체적 행적 정리'
(헌법재판소에 제출된 답변서 중)

2017년 1월 10일 박근혜 대통령 측이
헌법재판소에 제출한
'재판부 석명 사항에 대한 답변'에 나온다.
시간별 행적 아래쪽 • 표시의 내용은
해당 시간대와 관련된 언론 보도와
분석을 정리한 것이다.

09:53 외교안보수석 서면보고 수령하여 검토

국방 관련 사항. 세월호와 무관한 내용. 장소: 집무실

- 관저 집무실: "대통령은 공식 일정이 없는 날이었고, 그날따라 피청구인의 신체 컨디션도 좋지 않았기에 관저 집무실에서 근무하기로 결정했다"(2017년 답변서). 이하 집무실은 본관 집무실이 아니라 관저 내 집무실을 말한다.

- 재택근무: "그날 역시 공식 일정이 없을 때의 평소와 다름없이 집무실에서 그간 밀렸던 각종 보고서를 검토했고 이메일, 팩스, 인편으로 전달된 보고를 받거나 전화로 지시를 하는 방식으로 업무를 처리했다" "청와대는 어디서든 보고를 받고 지시, 결재할 수 있는 시스템이 구축되어 있으며, 대통령의 일상은 출퇴근의 개념이 아닌 24시간 재택근무 체제라 할 수 있다"(2017년 답변서).

- 주4일 근무: 〈한겨레21〉은 대통령 취임 직후인 2013년 3월부터 세월호 참사가 벌어진 2014년 4월까지 1년 2개월 동안의 박대통령 근무 현황을 분석했다. "평일만 놓고 보면, 총 304일 중 58일(19.1퍼센트)은 공식 일정이 없었다. 평일 닷새 중 하루는 쉰 것이다"(한겨레21 2017.01.02).

10:00 국가안보실로부터 세월호 사고 상황 및 조치 현황 보고서(1보) 받아서 검토

사고 상황 개요 정리. 해경 조치 현황: 상선 3척, 해경함 1척, 항공기 2대가 현장 도착해 구조 중. 해군함 5척, 해경함 4척, 항공기 5대 현장 이동. 장소: 집무실. 증거·증빙: 보고서

- 첫 보고까지 41분: 청와대 국가안보실이 YTN의 긴급 속보를 통해 사고를 인지한 시각은 오전 9시 19분이다. 당시 김규현 국가안보실 제1차장은 2014년 7월 7일 국회 운영위와 7월 10일 국회 세월호 국정조사에 나와 이 사실을 밝혔다. 10시 첫 보고까지 41분이 걸린 것이다. 국가안보실은 오전 9시 24분에 세월호 사고 현황('474명 탑승 여객선 침수 신고 접수, 확인 중')을 청와대 내부 문자메시지로 전파했지만, 대통령에게는 전달되지 않았다. 김규현 차장은 "YTN 보도가 나오고 상황을 인지했지만 그것만으로 대통령 보고를 할 수 없었다" "왜냐하면 대통령께 그날 '사고가 났습니다'라는 보고만 드려서는 안 되고, 그 상황을 정확하게 파악해야 하기 때문에 어느 정도의 윤곽을 저희가 다 잡은 것이 9시 50분입니다"고 말했다(2014년 7월 10일 국회 세월호 국정조사특위 기관보고).

  배가 오전 8시 49분부터 기울기 시작했다고 하면 사고 발생 1시간 11분 만에 대통령에게 첫 보고가 이루어진 것이다.

- 세 사람의 대면보고: "사고 당일 오전 안봉근 제2부속비서관이 직접 관저 집무실로 피청구인을 찾아와 세월호 상황을 대면 보고했고, 점심식사 후 즈음에도 정호성 제1부속비서관으로부터 세월호 관련 상황을 대면 보고받은 사실이 있다"(2017년 답변서).

윤전추 행정관은 헌법재판소 탄핵심판에 증인으로 출석해 박대통령의 오전 행적을 밝혔다. "안봉근 전 비서관이 세월호 참사 당일 오전 10시에 뛰어들어왔다"고 했고, 또 "8시 30분께 대통령의 호출로 관저에 가 '개인적 업무'인지 '비공식적 업무'인지를 했다" "정확히 어떤 업무인지는 기억나지 않는다" "(자신이) 오전 9시께(이후 10시로 번복) 대통령에게 서류를 전달하고, 곧이어 안봉근 비서관이 급히 집무실로 올라와 대통령을 만났다" "오전에 미용사는 청와대에 들어오지 않았지만, 오전 8시 30분에도 대통령의 머리와 의상이 정돈돼 있었다"고 말했다(한겨레 2017.01.05).

"윤행정관은 오전 8시 30분부터 관저 내에 오전 내내 머물면서 대기했는데, 안봉근 비서관 말고는 외부인을 보지 못했다고 했다. 식사 이후 알려진 것처럼 미용사와 메이크업 담당자, 정호성 비서관을 봤다고 했다. (…) 구체적으로 오전 8시 반부터 대통령이 무엇을 하고 있었는지는 말하지 않았다. 오전 9시부터 대통령이 관저 안에 있는 방 안에 들어가 있었기 때문에 본인[윤전추]은 대통령이 어떻게 행동했는지 알 수 없었다고 주장했다"(JTBC 2017.01.05).

10:15 김장수 국가안보실장에게 전화하여 상황 파악 및 지시

안보실장 보고: 선체가 기울었고 구조 진행 상황 및 구명조끼가 정원보다 많이 구비되어 있다. 피청구인 지시: "단 한 명의 인명 피해도 발생하지 않도록 (구조에 만전을 기)할 것. 여객선 내 객실 등을 철저히 확인하여 누락 인원이 없도록 할 것." 장소: 집무실. 증거·증빙: 안보실 행정관이 대통령 지시 사항을 중대본 안전관리본부장, 해경청장(상황실)에 즉시 전달함

- TV 시청 제안: 김장수 전 국가안보실장은 2016년 12월 14일 국회 최순실 국정농단 국정조사특위 청문회에서 "10시 15분에 대통령한테 유선 전화가 왔을 때 제가 대통령님께 지금 YTN에서 중계가 되고 있으니 YTN을 같이 보시면서 상황을 판단하시는 것도 도움이 될 것 같습니다라고 말씀을 드렸습니다"라고 증언했다.

- 최초 신고 이후: 세월호에 탄 한 단원고 학생이 전남소방본부 119 상황실에 다급한 목소리로 신고를 한 시각이 오전 8시 52분이니 1시간 23분(83분) 만에 대통령의 첫 구조 지시가 나온 것이다. 오전 10시경에는 배가 빠르게 기울어 세월호 좌현이 이미 물에 다 잠긴 상황이었다. "대검 포렌식 자료에 의하면 세월호는 오전 9시 54분경 65.4도, 10시 7분경 68.9도, 10시 9분경 73.8도, 10시 10분경 77.9도, 그리고 10시 17분경 108.1도의 기울기를 보인 것으로 추정된다. 즉 10시경을 전후해 빠르게 기울면서 침몰했던 것이다"(출처: 박영대 '대통령 '7시간', 어떻게 볼 것인가').

10:22 피청구인이 국가안보실장에 다시 전화하여 '샅샅이 뒤져서 철저히 구조하라'고 강조 지시

장소: 집무실

10:30 피청구인이 해경청장에게 전화해 "특공대를 투입해서라도 인원 구조에 최선을 다할 것" 지시

당시 해경은 10:24 이미 특공대를 투입했고, 세월호는 기울어져 갇힌 승객 탈출이 불가능한 상황이었으나 피청구인에 보고되지 않았음. 장소: 집무실. 증거·증빙: 민경욱 청와대 대변인이 2차에 걸쳐 대통령의 안보실장, 해경청장 상대 지시 내용 언론 브리핑

- 외부와의 연락: 이 전화 통화가 대통령이 세월호 7시간 동안 중대본에 나타나기 전까지 청와대 외부와 연락을 취한 유일한 경우라고 할 수 있다.

- 특공대 투입: 감사원 보고 등에 의하면 자발적으로 출동한 해경 특공대는 오전 11시 35분에, 출동 지시를 받은 목포122해양경찰구조대는 낮 12시 15분에야 참사 현장에 도착하지만 아무런 구조 활동도 하지 못했다. "해경 특공대 7명입니다, 그날 간 게. 그리고 그 관할 지역에 있는 해경 특공대 14명이에요. 그것으로 어떻게 500명을 구합니까? 군경 합동작전을 지시하셔야지요"(2014년 7월 10일 국회 국정조사특위 기관보고 중 김현미 의원 발언).

10:36 사회안전비서관의 여객선 침몰 사고 상황 보고서(1보) 받아 검토

471명 탑승, 09:50 현재 70명 구조 완료. 장소: 집무실. 증거·증빙: KBS TV에 중대본 발로 '구조는 신속하고 순조롭게 진행, 사망 위험 비교적 낮다' 보도

10:40 국가안보실 보고서(2보) 받아 검토

10:40 현재 106명 구조, 왼쪽으로 60도 기운 상태, 해군 3척, 해경 2척, 항공기 7대 및 민간 선박 11척 현장 도착 구조 중. 합참 탐색구조본부(09:39), 중대본(09:45) 가동. 장소: 집무실. 증거·증빙: 보고서

10:57 사회안전비서관의 여객선 침몰 상황 보고서(2보) 받아 검토

총 476명 탑승, 10:40 현재 133명 구조 완료. 장소: 집무실. 증거·증빙: 보고서

11:20 국가안보실 구조 상황 보고서(3보) 받아 검토

11:00 현재 161명 구조, 10:49 선체 전복. 침몰 선체 사진 첨부. 장소: 집무실. 증거·증빙: 보고서

- 전복된 세월호 사진: 이 보고서에 처음으로 전복된 세월호 사진이 등장한다. 배가 완전히 전복되어 선수만 수면에 나와 있는 오전 11시 상황의 사진이다. "최소한 474명 중 161명만 구조됐다는 11시 20분 보고를 제대로 살폈다면, 박대통령이 관저에서 전화나 문서 보고에만 의존해서는 안 됐다는 지적이 나오고 있다"(한겨레 2017.01.10).

- '뒤집어진 배 안에 탑승객 대부분이 있다': 청와대가 승객 잔류 사실을 확인한 시각은 청와대와 해경 본청의 핫라인 통화 기록을 보면 오전 10시 52분이다. "청와대: 지금 거기 배는 뒤집어졌는데 지금 탑승객들은 어디 있습니까?/해경: 탑승객들요? 지금 대부분 선실 안에 있는 걸로 파악됩니다./청와대: 네? 언제 뒤집어졌던가?/해경: 선수만 보입니다. 선수만./청와대: 아니, 그 지금 해경 헬기 떠 있잖아요?/해경: 떠 가지고 구조하고 한 인원을 제외하고는 거의 다 지금 배 안에 있는 것 같습니다. (…) 청와대: 거기 인원들 혹시 물에 떠 있는 인원들이 있습니까? 그전에./해경: 전부 학생들이다 보니까 선실에 있어서 못 나온 것 같아요."

11:23 국가안보실장의 유선보고(4보) 받고 통화

장소: 집무실. 증거·증빙: 김장수

- 300여 명 선체 잔류 사실: 박대통령 측은 이렇게 답변서에 이때 보고받은 내용을 밝히지 않고 않다. 2014년 10월 국정감사 답변서에 의하면 보고의 내용은 '미구조된 인원들은 실종 또는 선체 잔류 가능성이 높다'는 것이었다. 이때 선체에 300여 명이 잔류한다는 사실을 대통령이 전화로 들었다고 추정할 수 있다(이 책의 117쪽). 즉 대통령이 배가 미구조된 315명을 태운 채 침몰했다는 사실을 구체적으로 인지한 시점이 이때라고 할 수 있다. 또 2014년 7월 10일 국회세월호 국정조사특위 회의록을 보면, "청와대 상황실은 오전 11시

10분부터 해경 513함의 영상 중계를 통해 참사 현장 상황을 실시간 확인하고 있었다"(한겨레21 2016.12.05).

박대통령이 이때 이를 전화로 보고받고 알았다면 대통령의 다음 지시는 오후 2시 11분에 나왔으므로, 2시간 48분 동안 대통령은 300여 명 잔류 사실을 알고도 아무런 지시를 내리지 않은 것이 된다.

11:28 사회안전비서관의 여객선 침몰 상황 보고서(3보) 받아 검토

탑승자 현황 및 구조 상황. 장소: 집무실. 증거 · 증빙: 보고서

• 청와대는 2016년 해명에서 이때 보고 내용을 '오전 11시 15분 기준 477명 탑승, 161명 구조'라고 밝혔다.

11:34 외교안보수석실 보고서 받아 검토

OOO 대통령 방한 시기 재조정 검토. 장소: 집무실. 증거 · 증빙: 보고서

11:43 교육문화수석실 보고서 받아 검토

자율형 사립고 관련 문제점. 장소: 집무실. 증거 · 증빙: 보고서

12:05 사회안전비서관의 여객선 침몰 상황 보고서(4보) 받아 검토

11:50 현재 162명 구조, 사망자 1명 확인. 장소: 집무실. 증거 · 증빙: 보고서

12:33 사회안전비서관의 여객선 침몰 상황 보고서(5보) 받아 검토

12:20 현재 179명 구조, 사망자 1명 확인. 장소: 집무실. 증거 · 증빙: 보고서

- 점심 때 TV를 봤다: 윤전추 행정관은 헌법재판소 탄핵심판에 증인
  으로 출석했을 때 관저 집무실에는 TV가 없다고 증언했다. "전 국
  민이 TV 앞에서 시선을 떼지 못할 무렵 대통령은 뉴스조차 보지 않
  고 있었다는 얘기"가 되는 셈이다(한겨레 2017.01.06). 며칠 뒤 박대
  통령 측 관계자는 더욱 충격적인 사실을 전했다. "박대통령이 세월
  호 참사 당일 오전에는 서류를 검토하느라 바빠 TV를 보지 못했지
  만 점심 무렵 TV를 통해 사고 영상을 봤다고 측근들에게 밝혔다"
  "관저 집무실에는 TV가 없지만 개인 식당에는 TV가 설치돼 있는
  만큼 박대통령이 점심식사를 하면서 TV를 시청했다고 보면 된다"
  고 말했다(the300 2017.01.11).

12:50 최원영 고용복지수석의 전화를 받아 10분간 통화

기초연금법 관련 국회 협상 상황 긴급 보고. 장소: 집무실. 증거 · 증빙: 최원영, 통
화 기록

- 통화 기록: 이진성 헌법재판관도 "답변서를 보면 오후 12시 50분 최
  원형 고용복지수석과 통화를 했다면서 통화 기록이 있다고 했다.
  그런데 김장수 국가안보실장과는 수차례 통화를 했다면서도 답변
  서에는 기재돼 있지 않다"고 지적하면서 그 통화 기록을 제출하라

고 요구했다.

12:54 행정자치비서관실의 여객선 침몰 관련 중대본 대처 상황 보고서 수령, 이후 검토

탑승 인원 현황, 178명 구조, 사망 1명. 해군 특수구조대, 해경 특공대 투입하여 침몰 선체에 생존자 여부 확인 중. 장소: 집무실. 증거 · 증빙: 보고서

• 이 보고 사항은 이전의 청와대 해명 자료들에서는 한 번도 언급된 적이 없다가 갑자기 추가된 것이다.

13:07 사회안전비서관의 여객선 침몰 상황 보고서(6보) 받아 검토

13:00 현재 370명 구조, 사망자 2명 확인. 행정선 구조 인원 신원 파악으로 구조자 증가됐다고 보고하였으나 결과적으로 잘못된 보고. 장소: 집무실. 증거 · 증빙: 보고서

• '370명 구조' 잘못된 보고: 오후 1시 4분 해경 본경은 청와대에 잘못된 보고를 했다. 진도 행정선에 구조자 190여 명이 타고 있다는 풍문을 확인하지 않은 채 구조자 수에 포함해 총 370명을 구조했다고 보고한 것이다. 이후 해경이 오후 1시 30분 확인한 결과 '370명 구조'가 잘못되었다고 보고했음에도, 청와대는 이 수정된 사실을 대통령에게 바로 보고하지 않고 머뭇거렸다. 중대본이 오후 2시 '오후 1시 기준 368명 구조'라고 언론 브리핑할 때도 청와대는 사실을 바

로잡지 않았다. 결국 오후 2시 50분 국가안보실장이 대통령에게 정
정 보고를 할 때까지 청와대는 80분간 이 사실을 알리지 않았다고
할 수 있다(한겨레 2016.11.26).

13:13 국가안보실장이 피청구인에게 전화하여 보고(5보)

190명 추가 구조, 총 370명 구조, 사망자 2명. 장소: 집무실. 증거·증빙: 김장수

13:30 이후

국가안보실에서 13:30 팽목항 입항 예정 보고됐던 190명 탑승 진도 행정선이 입
항하지 않자 해경에 관련 상황 확인 독촉. 13:45 해경에서 190명 추가 구조가 아
닌 것 같다는 취지를 청와대에 보고

14:11 피청구인이 국가안보실장에게 전화, 상황 파악

정확한 구조 상황 확인토록 지시. 장소: 집무실. 증거·증빙: 김장수

- 3시간 41분: 대통령이 오전 10시 30분 지시 이후 세월호와 관련해
  다음 지시를 내린 시각이 이때 오후 2시 11분이다. 답변서에는 이 3
  시간 41분 동안 대통령 스스로 세월호 참사와 관련해 내린 지시 사
  항이 보이지 않는다. 오전 10시 30분 이후 오후 2시 11분 전까지 국
  가안보실과 대통령비서실이 11차례 참사 관련 보고를 올렸지만, 그
  에 대한 박대통령의 지시는 없었다. 또 이때부터 오후 5시 15분까지
  의 지시 내용은 '상황 파악' 정도였다.

14:23 해경에서 190명 추가 구조는 잘못 보고라고 최종 확인

서해해경청과 해경 본청 간 구조 인원 확인 과정에서 오류 또는 중복 계산

14:50 국가안보실장이 피청구인에게 전화, 370명 구조 인원은 사실 아니라고 정정 보고(6보)

장소: 집무실. 증거 · 증빙: 김장수

14:57 국가안보실장에게 전화 지시

구조 인원 혼선 질책, 정확한 통계와 구조 상황 재확인하도록 지시. 장소: 집무실.

증거 · 증빙: 김장수

- 전화 통화: 이른바 세월호 7시간 동안 박대통령은 관저에 머물며 총 9차례 전화 통화를 했다. 오전 10시 15분, 10시 22분 국가안보실장과 2차례, 10시 30분에 해경청장과 1차례, 오전 11시 23분, 오후 1시 13분, 2시 11분, 2시 50분, 2시 57분 국가안보실장과 5차례, 낮 12시 50분에 고용복지수석과 1차례 통화했다. 2004년 8월 시민사회 측에서 구체적인 통화 내용에 대한 정보공개를 청구했을 때, 청와대는 전화나 구두를 통한 대통령의 지시나 청와대의 보고는 그 내용이 기록으로 남아 있지 않다고 했다. 반면 서면보고는 기록이 있지만 그 내용을 공개하지 않겠다고 밝혔다.

15:00 피청구인이 비서관에게 중대본 방문 준비 지시

경호실, 중대본, 해난 담당 비서관실 등 전파. 장소: 집무실. 증거 · 증빙: 부속비
서관

15:30 사회안전비서관실의 여객선 침몰 상황 보고서(7보) 받아 검토

15:00 현재 탑승자 459명 중 구조 166명, 사망 2명. 해경, 해군, 민간 특수구조요
원 300여 명이 선체 수색 예정이나 조류 심해 난항 등 상황. 장소: 집무실. 증거 ·
증빙: 보고서

13:30경 미용 담당자가 들어와서 머리 손질

약 20분 소요. 청와대 체류: 15:22~16:24. 장소: 관저

- 관저 출입한 외부 인사: "그날 관저 출입은 당일 오전 피청구인의 구
  강 부분에 필요한 약(가글액)을 가져온 간호장교(신보라 대위)와 외
  부 인사로 중대본 방문 직전 들어왔던 미용 담당자 외에는 아무도
  없었다"(2017년 답변서). 청와대 대변인은 2016년 11월 29일 신대위
  의 기자회견 바로 전에 "간호장교 중 한 명이 오전 10시쯤 가글을 전
  달하기 위해 관저에 잠깐 갔다 온 적은 있음"이라고 기자들에게 알
  렸다(한겨레21 2016.12.05).

- 미용사 호출: 미용업계 관계자들은 미용사가 청와대로부터 '대통령
  의 머리를 손질해야 하니 급히 들어오라'는 연락을 받은 시각이 참사

당일 낮 12시께였다고 증언했다(한겨레 2016. 12.05). 그런데 정호성
전 비서관은 2016년 12월 26일 국회 국정조사특위 위원들과의 구
치소 접견에서 자신이 직접 미용사를 불렀으며 그 시점은 오후 2시
후반부였다고 말했다(이 책의 166쪽). 또 윤전추 행정관은 헌법재판
소 증인으로 나왔을 때 중대본에 가기 전 자신이 미용사를 직접 태
우고 청와대로 들어왔다고 진술했다.

15:42 외교안보수석실 서면 보고받아 검토
주한 일본대사와 오찬 회동 결과. 장소: 집무실

15:45 사회안전비서관실에서 대통령의 중대본 방문 말씀자료 준비하
여 피청구인에게 보고
장소: 집무실. 증거 · 증빙: 부속실 수령

16:10 비서실장 주재 수석비서관 회의
구조 방안, 실종자 가족 대책, 대통령 조치, 총리 팽목항 방문 등 논의. 장소: BH
회의실. 증거 · 증빙: 회의 결과는 정리하여 대통령 보고

• 참사 당일 청와대에서 세월호 참사와 관련해 열린 첫 회의라 할 수
있다. 이날 대통령은 회의 한 번 주재하지 않았다.

16:30 경호실, 중대본의 대통령 방문 준비 완료 보고

장소: 집무실

17:11 사회안전비서관실의 여객선 침몰 상황 보고서(8보) 받아 검토

향후 잔류자 구조 계획 등. 장소: 차량 이동. 증거 · 증빙: 보고서

17:15~17:30 피청구인이 중앙재난안전대책본부 방문하여 구조 상황

등 보고받고 지시

지시 사항:

 1. 많은 승객들이 아직 빠져나오지 못한 것으로 알고 있음. 생존자를 빨리 구할 것

 2. 중대본 중심으로 동원 가능한 모든 자원을 동원할 것

 3. 피해자 가족들에게 모든 편의를 제공할 것

 4. 일몰 전에 생사 확인해야 하니 모든 노력 경주

질문 사항:

 1. 특공대 투입했다는데 구조 작업 진척 정도는?

 2. 학생들이 구명조끼를 입었다고 하는데 그렇게 발견하기가 힘든가?

 3. 구조자 수가 200명이나 큰 차이 나게 된 이유는?

장소: 중대본. 증거 · 증빙: 비서실장, 정무수석 등 수행. 피청구인이 중대본 방문

하여 지시 및 질문한 내용은 녹화 파일 있음

- 이때의 발언이 세월호 참사가 발생한 지 8시간, 국가안보실에서 첫 보고를 받은 지 7시간 만에 나온 대통령의 첫 공개 발언이다.

- 평소처럼 식사했다: 전 청와대 조리장이 박대통령이 이날 점심과 저녁 모두 관저에서 혼자 식사했다고 밝혔다. "(대통령은) 식사는 평소처럼 했다. 사고 당일 오후 5시경 중앙재난안전대책본부 회의에 참석한 후 관저로 돌아와 식사를 했다" "점심과 저녁 식사 시간에 1인 분의 음식이 들어갔고, 그릇이 비워져 나왔다는 건 확실하다"(여성동아 2016.12.7).

이후에도 피청구인은 청와대로 돌아와서 국가안보실, 관계 수석실, 해경 등으로부터 세월호 관련 구조 상황을 계속 보고받아 구조를 독려하다가 23:30 직접 진도 팽목항 방문·지원을 결심하고 안전 업무를 담당하는 정무수석실에 준비토록 지시

2014.04.17.

01:25(진도 방문 말씀 자료), 02:40(진도 방문 계획안), 07:21(여객선 세월호 전복 사고 종합 보고) 등 보고를 받으며 상황 파악, 대책 검토한 후 14:00 진도 구조 현장 방문, 16:20 진도 실내체육관 실종자 가족 위로 방문 및 요구 사항 청취
04.17. 22:00 피청구인이 실종자 가족(단원고 실종 학생 문지성양 부친)과 전화 통화하여 정부의 약속이 지켜지고 있는지 묻고 구조와 수색 작업에 최선을 다하겠다고 약속

Aran apple

대통령의 7시간 추적자들

발행일 초판 1쇄 2017년 2월 20일

지은이 박주민, 이큰별, 조동찬, 김완, 이재명, 안수찬, 장훈, 오현주, 김성훈, 하어영
펴낸이 임후성
펴낸곳 북콤마
편집 김삼수
표지디자인 sangsoo
본문디자인 miso

펴낸 곳 북콤마
등록 제406-2012-000090호
주소 (413-756) 경기도 파주시 문발동 파주출판단지 534-2 201호
전화 031-955-1650 팩스 0505-300-2750
이메일 bookcomma@naver.com 페이스북 facebook.com/bookcomma
블로그 bookcomma.tistory.com 트위터 @bookcomma

ISBN 979-11-87572-02-2 (03300)

˒ BOOKcomma